T0014527

PALABRAS
del cielo

DEVOCIONAL
DE 60 DÍAS

B&H
ESPAÑOL
BRENTWOOD, TENNESSEE

Palabras del cielo: Devocional de 60 días

Copyright © 2023 por B&H Español
Todos los derechos reservados.
Derechos internacionales registrados.

B&H Publishing Group
Brentwood, TN 37027

Diseño de portada: B&H Español

Director editorial: Giancarlo Montemayor
Editor de proyectos: Joel Rosario
Coordinadora de proyectos: Cristina O'Shee

Clasificación Decimal Dewey: 242.64

Clasifíquese: LITERATURA DEVOCIONAL \ DIOS \ VIDA ESPIRITUAL

ISBN: 978-1-0877-7120-5

Impreso en EE. UU.
1 2 3 4 5 · 26 25 24 23

Índice

Que podamos
        ver a Cristo claramente
        amarlo tiernamente
        seguirlo cercanamente
Día a Día

– Richard of Wyche

Reflexiones para el día a día...

> **La integridad de los rectos los encaminará; pero destruirá a los pecadores la perversidad de ellos.**
>
> **PROVERBIOS 11:3 (RVR 1960)**

Todos lo hemos dicho. Quizás no hayamos estado hablando de lo mismo ni lo hayamos dicho al mismo tiempo, pero todos hemos comenzado una oración con «Probablemente debería...». Algunas veces puede decirse en relación a nuestra salud. Algunas veces puede decirse sobre nuestra carrera profesional. Otras veces puede decirse para describir nuestras relaciones. Cualquiera que sea el caso, la pequeña frase: «Probablemente debería...» es el reconocimiento de algo vital para nuestras vidas.

En este punto quizás te estés preguntando qué tiene que ver esto con el gozo. Después de todo, admitir que probablemente debamos hacer algo es casi admitir que renunciamos al gozo. Pienso que no es necesariamente el caso. Consideremos nuestra salud, por ejemplo. Cuando decimos que probablemente deberíamos comenzar a hacer ejercicio o comenzar a comer cosas más saludables, no estamos diciendo que no tenemos gozo respecto a nuestra salud actual. Si así fuera, ¿por qué habría alguna necesidad de cambio si estuviéramos felices con la forma en la que nos vemos o nos sentimos? Cuando decimos que probablemente deberíamos ponernos a trabajar, estamos reconociendo que habría cierto nivel de gozo perdido si no nos tomamos el tiempo de trabajar para aquellos que necesitan de nuestra provisión. Y, cuando admitimos que probablemente deberíamos ir a casa y pasar tiempo con nuestras familias, estamos reconociendo que hay un gozo que se perderá si no volvemos con nuestros seres queridos.

El punto de «Probablemente debería...» no es una renuncia al gozo. De hecho, es lo opuesto. Es apropiarnos del gozo. Es dejar nuestras circunstancias actuales y movernos a un lugar de gozo verdadero. Cuando decimos: «Probablemente debería...», no estamos diciendo que nuestra vida es como queremos que sea, pero tenemos que renunciar a eso para obtener una clase de gozo mayor. La idea no tiene mucho sentido. Si es por el bien mayor, entonces ¿por qué no daríamos ese paso para obtener gozo? Así que ve al gimnasio, come saludable, trabaja duro, provee para tu familia, pasa tiempo con tus hijos, ama a tu esposo. No lo hagas porque *probablemente deberías* hacerlo. Hazlo por el gozo.

SEÑOR, SÉ QUE HE HECHO MUCHAS COSAS CON UNA ACTITUD DE QUE «PROBABLEMENTE DEBERÍA» HACERLAS. SÉ QUE SOY CULPABLE DE TENER ESTA MANERA DE PENSAR. PERMÍTEME RECONOCER EL GOZO DE LUCHAR POR LO BUENO. AMÉN.

No os conforméis a este siglo, sino transformaos

por medio de la renovación de vuestro entendimiento,

para que comprobéis cuál sea la buena

voluntad de Dios, agradable y perfecta.

ROMANOS 12:2 (RVR 1960)

Al manejar hacia su pueblo natal, Gaby admitió que definitivamente estaba lidiando con emociones encontradas. Por una parte, era su casa, y no había ningún lugar como ese. Pero por otro lado, ella se había ido por una razón. Los campos de algodón que parecerían hermosos para cualquier persona pasando por ese camino, simplemente parecían recuerdos de la vida ordinaria que había dejado atrás. Ella ahora vivía en la ciudad. Y en realidad no había razón alguna para estar en ese pueblo, a excepción de su familia.

Esta semana, sin embargo, era una de esas razones. Su abuela cumpliría 90 años, y la familia se reuniría a celebrar y pasar tiempo con los que se habían mudado a otros lugares.

Ahora, este pueblo era el tipo de lugar donde los supermercados se convertían en reuniones sociales; el pueblo organizaba festivales para cada estación y asistir a la iglesia era un no negociable. Era un pueblo con tres semáforos, un cine que solamente tenía lugar para 100 personas y un pequeño restaurante con cinco elecciones en el menú. Para muchos visitantes, este pueblo pudiera parecer acogedor, agradable y pintoresco. Para Gaby, era terrible.

Ella se aferró a esta actitud incluso al estacionarse en casa de su abuela. No pasó mucho tiempo antes de que los miembros de la familia salieron por la puerta principal y corrieron hasta su auto a saludarla. Al ser inundada de abrazos y besos, elevó su mirada para ver a su padre sentado con su abuela con una sonrisa cálida.

Sólo fue cuestión de que su padre dijera: «¿quieren ir al campo?» para ver sonrisas en sus rostros. Todos conocían «el campo». Era un campo de cultivo sin usar aproximadamente a ocho kilómetros de distancia. No se hacía mucho ahí, más que disfrutar de la vista. Verás, en este campo había una planicie que permitía a los espectadores disfrutar de la puesta del sol. Se había convertido en una tradición familiar de verano subirse en las camionetas y manejar unos pocos kilómetros hacia el campo para observar esos atardeceres majestuosos.

Para Gaby, sin embargo, no se trataba tanto del campo, sino más bien del recorrido. Aunque actuaba un poco desanimada por la idea, se subió en la parte trasera de la camioneta de su padre, y le permitió al viento llevar su cabello hacia arriba y hacia abajo. Después de unos minutos en la carretera, su familia suspiró de descanso al escuchar esa risa que parecía haber desaparecido.

Al igual que Gaby, mientras más tiempo estemos lejos de nuestro Padre celestial, será más fácil olvidar el gozo que viene de nuestro tiempo con Él. Invierte tiempo con Él. Recuerda los momentos que trajeron gozo. Pudieras sorprenderte de los resultados.

Pues, ¿busco ahora el favor de los hombres, o el de Dios?

¿O trato de agradar a los hombres? Pues si todavía

agradara a los hombres, no sería siervo de Cristo.

GÁLATAS 1:10 (RVR 1960)

Existen muchos culpables por el estrés en nuestras vidas. Para algunos, puede ser la familia. Para otros, puede ser una carrera, pero pregúntale a cualquier adolescente y probablemente te dará una respuesta que tenga que ver con un examen. Entre exámenes de admisión y colocación, los adolescentes son lanzados al fuego académico y sienten que deben salir del otro lado sin ningún rasguño. ¡No es de extrañarse que la mayoría de los adolescentes teman el salón de clases!

Elena no es la excepción. Es una de esas personas que todos conocimos en la escuela. Ella estudia muchísimo. Pone prácticamente todo su enfoque en su carrera académica. Ve las actividades extracurriculares más como puntos extra para su currículum que como sus intereses personales. La tarea es obligatoria. Ella es uno de los pocos estudiantes que encontrarás en la escuela en el día que no es obligatorio asistir. Para Elena, su trabajo en el bachillerato determinará a qué universidad asistirá. Su trabajo en la universidad la impulsará a ciertos programas de internado. Sus internados llamarán la atención de empleadores potenciales, y esos empleadores podrán ayudarla a obtener el trabajo de sus sueños. Sin más que decir, el éxito de Elena como estudiante es fundamental para obtener lo que ella ve para su futuro.

Pero hay un pequeño problema con esto. Ella se preocupa constantemente. Nunca olvida, nunca deja ir. Sacó un 80 en un examen de ortografía en el cuarto grado y aún no ha perdonado al maestro. También sacó un 99 en un ensayo del cual ella todavía dice haber merecido el 100 durante su primer año de bachillerato. Elena tiene una mente brillante, pero en el momento en el que comete el más mínimo error, se enfoca en el error o en lo que pudiera haber sido en lugar de enfocarse en el gozo del éxito que ya ha ocurrido.

Esto no ayudó con su preparación para su examen de admisión a la universidad. Elena, en su intento de obtener una calificación perfecta, tomó el examen tres veces. Esta sería la última vez que podría tomar este examen para ponerlo en su aplicación para la universidad. La primera vez logró obtener 33 puntos, luego 34 y ahora 35. Un examen más debería ser suficiente para poder lograr una calificación perfecta de 36. Unas semanas después de su cuarto intento, corrió a recoger el correo, abrió el sobre y gritó de frustración al observar una vez más la calificación de 35, como si este resultado se burlara de su esfuerzo. Se había esforzado tanto en ser perfecta, y ahora parecía que todo había sido en vano.

Envió las aplicaciones para la universidad a regañadientes, y recibió una carta de parte de una de las escuelas de su elección un par de meses después. Era un sobre delgado, así que ella esperó lo peor. Pero dentro del sobre había una carta con un mensaje corto: «Nosotros no buscamos calificaciones perfectas; no buscamos personas perfectas; buscamos personas trabajadoras. Relájate. Disfruta tu verano, y te veremos en el otoño».

¿Cuántas veces ponemos nuestro mayor esfuerzo en ser perfectas sólo para volvernos locas con cada intento fallido? No importa qué tanto intentamos, Dios nos ama sin importar nuestras deficiencias. Así que, trabaja duro; haz tu mejor esfuerzo, pero sabe que eres amada... incluso cuando caes.

Y el uno al otro daba voces, diciendo:

Santo, santo, santo, Jehová de los ejércitos;

toda la tierra está llena de su gloria.

ISAÍAS 6:3 (RVR 1960)

¿Qué tienen en común Isaías y Pedro? Sí, es cierto, ambos son personajes bíblicos. Pero eso no es todo. Si nos detenemos a conocer sus historias, encontraremos que cada uno de ellos tuvo una experiencia que afectó sus vidas por completo. Fueron tiempos distintos y formas diferentes, pero cada uno se encontró ante la presencia de Dios. «¡Ay de mí! Porque perdido estoy», pronunció Isaías; «¡Apártate de mí, Señor, pues soy hombre pecador!» exclamó Pedro.

¿Qué hay en la presencia de Dios que turbó a estos dos hombres? ¿Quién es Dios para que ni los ángeles que habitan en su presencia puedan mirarlo directamente? ¿Cuánto resplandece Dios para que su presencia nos perturbe al punto de que podemos notar cada centímetro de nuestro pecado? ¿Cuánto brillo se desprende de la fuente de Luz para que haga evidente cada grieta de nuestra alma?

R.C. Sproul solía decir que ningún otro atributo de Dios se repite tres veces como lo hace la Biblia cuando habla sobre su santidad. Santo, santo,

santo es el Dios del universo. No dice, Dios es amor, amor, amor; ni justicia, justicia, justicia. Dice que Dios es santo, santo, santo.

Cuando la Biblia dice que Dios es santo, está diciendo que Él es puro, perfecto, no se equivoca, es diferente a todo, es único. El libro de Levítico, de hecho, es un llamado al pueblo de Israel a vivir diferente, no podían tratar a Dios como los dioses a los que estaban acostumbrados. Cada ritual, cada ley, apuntaba a que Él era santo y mostraban que, para acercarse a Dios, ellos también debían ser santos.

Aún así se nos ha hecho imposible vivir esa santidad. Seamos honestos. Somos pecadores y de la peor clase. Realmente no merecemos estar delante de Dios. Esas palabras de Pedro y de Isaías se me hacen familiares. No merezco estar delante del Dios puro y santo. Nuestra naturaleza es lo opuesta a la suya. Es precisamente por esa razón que Dios no me permite estar delante suyo a menos que yo sea purificada. Dios no puede ensuciarse, si no dejaría de ser puro y santo.

A pesar de eso Dios me quiere cerca de Él. Es incomprensible. Sin embargo, no puedo acercarme a Él sin recordar quién soy yo y quién es Él. Hace más de diez años un amigo me dijo: «yo converso con el de arriba recontra *fresh*, porque es mi *brother*». Dios, ni es nuestro «brother», ni la situación es recontra «fresh». Dios es santo y digno de ser reverenciado por su grandeza. Yo solo merezco la muerte y la condenación, separada de Dios para siempre. Sin embargo, que hoy yo pueda acercarme con absoluta libertad ante el trono de la gracia, es únicamente porque Jesús tomó el lugar que yo merecía y me liberó de la condenación. Él venció la muerte que me pertenecía y me ha liberado del destino que me correspondía.

Estamos en paz con Dios porque Él mismo nos dio su lugar. Cristo murió por nosotros, sí; eso nos dio acceso al Padre, sí; pero Dios no ha dejado de ser santo. No podemos perder de vista que Dios sigue siendo digno de ser alabado y reverenciado y nuestras vidas son ahora ofrendas vivas para Aquel que lo dio todo sin nosotros merecerlo.

Acerquémonos, pues, confiadamente al trono de la gracia,

para alcanzar misericordia y hallar gracia

para el oportuno socorro.

HEBREOS 4:16 (RVR 1960)

A lo largo de nuestra vida cristiana descubrimos tres principales enemigos de nuestra alma. El primero es el mundo que nos rodea, caído y roto, siempre buscando como darle la espalda a Dios, lleno de filosofías y pensamientos que buscan arrastrarnos en contra de lo que Dios ya ha revelado en Su Palabra y que sabemos que es bueno.

Puede sorprendernos, pero también nosotros somos nuestro propio enemigo, nuestra humanidad caída nos hace vivir en constante batalla con nuestra nueva naturaleza. El apóstol Pablo, aunque era un hombre santo, exclamaba: «¡Miserable de mí! ¿quién me librará de este cuerpo de muerte?» (Rom. 7:24), porque estamos en constante batalla por ganarle a nuestra carne, por lograr anhelar lo santo y desechar aquello que no glorifica a Dios.

Pero tenemos un tercer enemigo, el enemigo de nuestra alma: Satanás, quien como león rugiente está buscando a quien devorar (1 Ped. 5:8). Es decir, a diferencia de los dos primeros, la misión constante de Satanás es hacernos caer, ponernos la tentación, que la pisemos y caigamos. Sin embargo, ese no es su único objetivo, una vez que hemos caído, quiere vernos acabados y empieza su segundo round, nos quiere destruir con aquello que hemos hecho.

Una de las tareas principales de Satanás es acusarnos. Nos acusa de aquello que no somos culpables, pues como experto mentiroso, usa sus artimañas para atraparnos en hoyos destructivos y con pensamientos que nos paralizan. Pero no podemos negar que también nos acusa de aquello que sí somos culpables.

Sin embargo, al ser hijos adoptados por la sangre de Cristo, vivimos ante una realidad diferente. Es cierto que tenemos un dedo acusador, pero lo más importante es que tenemos a Dios mismo, quien no nos da la espalda cuando hemos caído. A diferencia del enemigo, el Espíritu Santo también señala nuestro pecado, pero no con la finalidad de paralizarnos y hundirnos, sino que nos revela lo que hemos hecho para convencernos de que hemos pecado. Su objetivo es producir en nosotros tristeza y llevarnos al arrepentimiento y así llegar a los pies de Cristo.

Si tú has creído en lo que Jesús hizo en la cruz al ofrecerse por nosotros los pecadores para pagar por nuestra culpa, entonces déjame decirte que hoy puedes elevar un canto de alabanza con absoluta y total libertad, porque la culpa por tu pecado ha sido clavada en la cruz. Cristo se la llevó al pagar por ella con su sacrificio. Somos libres. Podemos acercarnos confiadamente al trono de la gracia.

Tienes que saber que la obra de Cristo Jesús en la cruz es suficiente. Tu pecado no es más poderoso que la gracia de Dios, pide perdón y abandona aquel pecado que te destruye. Recuerda las palabras de Jesús a la mujer «Vete; y desde ahora no peques más» (Juan 8:11). Hay poder en Cristo para dejar ese pecado y romper las cadenas de esclavitud.

El trono de la gracia está abierto para Sus hijos, nos podemos acercar con confianza. No seremos destruidos por Su santidad, seremos recibidos por un Padre amoroso, como quien recibe a Sus hijos arrepentidos y los mira con las ropas de nuestro Salvador admirable.

Por tanto no desfallecemos, antes bien, aunque nuestro hombre exterior va decayendo, sin embargo, nuestro hombre interior se renueva de día en día. Pues esta aflicción leve y pasajera nos produce un eterno peso de gloria que sobrepasa toda comparación, al no poner nuestra vista en las cosas que se ven, sino en las que no se ven. Porque las cosas que se ven son temporales, pero las que no se ven son eternas.

2 CORINTIOS 4:16-18 (NBLA)

Hace un par de años mi vida cambió completamente debido a un desalentador diagnóstico. En medio de ello, meditar en la palabra de Dios y tener el aliento de mis amigos cercanos tuvo un significativo soporte transformador en mí. Doy gracias al Señor por aquellos «recursos radioactivos» que nos permiten meditar y descubrir su incomparable consuelo, de manera que aquellos «tumores» de temor y desesperanza se van reduciendo hasta desaparecer por completo.

Pablo lo había entendido bien, sabía que no existía comparación con aquella gloria venidera prometida. Es importante que entendamos las diferencias entre un inconveniente y un sufrimiento. Las presiones que Pablo soportaba realmente eran cosa seria. Fue encarcelado muchas veces, sufriendo «azotes sin número» ...en peligro de muerte muchas veces (2 Cor. 11:23). Pablo soportó terribles dolores físicos en forma de azotes, golpes y un apedreamiento. Pasó hambre y en ocasiones no contó con un refugio adecuado contra el frío. Experimentó la tristeza de ver a sus amigos a punto de morir (Fil. 2:27-30). Incluso sus amigos lo traicionaron (2 Tim. 4:10-16).

Es solo cuando comprendemos la profundidad del sufrimiento de Pablo y el dolor que soportó, tanto físico como emocional, que nos quedamos asombrados de que pudiera llamar tales cosas leves y momentáneas. Comprender la profundidad de su dolor nos permite maravillarnos del peso eterno de la gloria. Nos conviene ahondar en las profundidades de nuestro dolor en el sufrimiento, porque al hacer eso nos aprendemos de aquel valor.

Es bueno tener el ejemplo de Pablo quien pasó por este mismo camino, pero si volteamos un poco las páginas podemos ver a Un mejor Pablo que también sufrió en gran manera, pero siendo infinitamente justo. Henry Nouwen decía: «Nuestras penas cotidianas están ancladas en una pena mayor y por ello en una esperanza más grande». Que el mismo hijo de Dios haya sufrido siendo inocente en lugar de pecadores totalmente indignos y merecedores del castigo, es la mayor muestra de la gloria de la gracia de Dios.

Creo que Dios tiene el poder para sanarnos y para librarnos de aquellas pruebas que duelen. Puede que la sanidad no sea el plan de Dios para todos. Pero agradezco a Dios por mi enfermedad, porque este «aguijón» me ha ayudado a crecer espiritualmente y tal vez no hubiera sido posible de otra forma. En medio de una generación que se regocija en tener «salud, dinero y amor»; mira las vidas de Pablo y Cristo, mira la cruz y observa que ninguno de ellos desperdició su sufrimiento. No desperdiciemos aquella «condición» que Dios planeó para nosotros. Todos sus planes son para bien, siempre.

**Yo soy el Señor tu Dios, que te saqué de la tierra
de Egipto, de la casa de servidumbre.
No tendrás otros dioses delante de Mí.**

ÉXODO 20:2-3 (NBLA)

Posiblemente «tener otros dioses» o «ídolos» sea algo muy lejano para esta generación. A lo mejor, lo primero que nos viene a la mente son hechos antiguos donde se veneraba a algún ser de la mitología griega o aquellas estatuas que han quedado para la historia. Lo cierto es que, un ídolo no es solo eso. Lutero decía «el corazón del hombre es una fábrica de ídolos», no hay cosa más cierta. Pero ¿qué es un ídolo? En simples palabras es cualquier cosa que ocupe el lugar de Dios. Aquello que ha cautivado tu corazón y tu imaginación al punto que tu adoración esté más centrada en eso, que en tu Salvador.

Dioses falsos abundan por doquier y su mayor misión es ocupar el lugar de Dios en el trono de nuestros corazones. Eso finalmente pasará si no estamos dispuestos a abandonar aquello que amamos y decidamos vivir sin ello. No necesariamente un ídolo es algo «malo», un ídolo también puede ser tu esposo, tu familia, tu servicio. En la escritura podemos hallar ejemplos en donde pareciese que Dios abandonó a Sus siervos, pero en realidad solo destruía ídolos de sus vidas. Personajes como José, Moisés y David tuvieron momentos difíciles, pero esa fue la manera de Dios de transformar sus mentes y finalmente sus corazones.

En la carta a los Colosenses, Pablo exhortó a la iglesia a hacer morir aquellos malos deseos del corazón «...la fornicación, la impureza, las pasiones, los malos deseos y la avaricia, que es idolatría...» Col. 3:5 y versículos antes señala la respuesta. «Si ustedes, pues, han resucitado con Cristo, busquen las cosas de arriba, donde está Cristo sentado a la diestra de Dios. Pongan la mira en las cosas de arriba, no en las de la tierra. Porque ustedes han muerto, y su vida está escondida con Cristo en Dios. Cuando Cristo, nuestra vida, sea manifestado, entonces ustedes también serán manifestados con Él en gloria.» (Col. 3:1-4).

Tenemos que vivir puesta nuestra mirada en las cosas celestiales para que cada vez apreciemos más la belleza de Cristo y nos regocijemos solo con Él. Pon la mirada en lo que Él ha hecho por ti, pon la mirada en aquel glorioso sustituto. De tal manera que solamente Jesus se vuelva lo más atractivo para nuestros corazones y que nuestra fábrica de ídolos quede desmantelada poco a poco.

No pretendamos que algo más fuera de Dios nos proporcione aquel éxito personal soñado o la prosperidad económica que ofrezcan la paz y la seguridad que solo Cristo puede dar y por la que murió en la cruz del Calvario. Si Dios mismo va a pulirnos y en el camino vamos a sufrir un poco al dejar a nuestros ídolos, podemos orar así: «Señor, no importa cuánto cueste, pero destruye a estos becerros de oro que construí. Amén».

> **Bendito sea el Dios y Padre de nuestro Señor Jesucristo,**
> **que nos bendijo con toda bendición espiritual**
> **en los lugares celestiales en Cristo, ⁴ según nos escogió**
> **en él antes de la fundación del mundo, para que fuésemos**
> **santos y sin mancha delante de él, ⁵ en amor habiéndonos**
> **predestinado para ser adoptados hijos suyos por medio**
> **de Jesucristo, según el puro afecto de su voluntad.**
>
> **EFESIOS 1: 3 – 5 (RVR 1960)**

Muchas veces nuestro corazón busca alguien que nos ofrezca alguna satisfacción; otras podemos sentirnos vacíos sin rumbo claro o sin llegar a un puerto seguro.

En la carta a los Efesios, Pablo menciona que Dios nos adoptó; eso significa que nuestra primera condición era de orfandad. Pero, por el amor de Dios nuestra condición cambió de huérfanos a adoptados; y así fue como Dios nos escogió. Pensar que estuvimos en los pensamientos de nuestro Creador y que Jesús fue el intermediario para que nuestra adopción se concrete en esa cruz. Como si fuéramos a un juzgado, decidieron dar pelea por nuestra paternidad y darnos un nuevo nombre y apellido. ¿Puedes creer lo amados que somos?

Pero nuestra elección como hijos suyos no queda solamente en un título, sino en el propósito de Dios para que nuestra vida aquí en la tierra nos prepare para una vida junto con Él, porque su elección fue para que seamos santos y sin mancha delante de Él. Y ¿cómo podemos vivir sin mancha y santos? Puedes pensar que te están pidiendo mucho. Pero podría resolver este interrogante con otra pregunta y ¿por qué no? Jesús entregó absolutamente todo por nosotros, para que nuestra condición cambiara. Para que pasáramos del banquillo de acusados al de inocentes, para que tuviéramos una identidad en Él, para que nuestras almas muertas y vacías, sean regeneradas por medio de Jesús.

Y no solo eso, lo más hermoso y real es saber que Dios nos ama, pero no por algo que tengamos que hacer para ganarnos ese amor de Padre. Él desde el momento que te pensó y te escogió lo hizo por puro amor y por el puro afecto de Su voluntad. Le pertenecemos y sabernos hijos suyos nos da la certeza de que tenemos hoy una nueva vida distinta. Que no importa mi pasado, que eso no me define; que no estoy sola, porque me ha dado una familia; y hoy le pertenezco a Él, porque me ha adoptado.

Qué pues responderemos a esta verdad. Tenemos la opción de continuar viviendo una vida lejos de nuestro Padre o vivirla con esperanza sabiendo que somos hijos del gran Rey que dio absolutamente todo por nosotros, sin que merezcamos absolutamente nada. Nuestra adopción por medio de Jesús fue el ejemplo más grande de amor en este mundo. No hay nada que se compara con esa entrega. ¿Cómo pues no vivir rendidos a los pies de nuestro Dios? Vivamos una vida obediente a Él, con un corazón agradecido y con la certeza de que no hay mejor lugar que estar al lado de nuestro Dios, sabiendo que todo, absolutamente todo lo que recibimos es por gracia.

Entre tanto que voy, ocúpate en la lectura,

la exhortación y la enseñanza.

1 TIMOTEO 4:13 (RVR 1960)

Hay momentos en los que lo mejor que podemos recibir es una carta de un ser querido. En un mundo de correos electrónicos, mensajes de texto y publicaciones digitales, un mensaje escrito a mano implica que algo es lo suficientemente especial para escribirse. Las parejas algunas veces dejan notas el uno para el otro como un recordatorio que expresa el cuidado invertido en escribir cada palabra. Las amistades de mucho tiempo pueden incluso enviar una carta por el correo, la cual toma días en llegar solo para dejarle saber que están pensando en ellos. Y aunque tal vez las cartas en la lonchera sean las más sencillas de las notas escritas, hay algo especial sobre ellas.

Muchos niños las dan por sentado, pero las extrañan cuando crecen. La carta en la lonchera es especial en sí misma. Aunque las cartas escritas y las cartas se envían para comunicar un mensaje, las notas en la lonchera se envían en contenedores que hablan por sí mismos. Cuando un niño abre su lonchera, debería estar consciente del amor que se le tiene. En la lonchera en sí misma, un niño encuentra un sándwich, papas, algo de fruta y quizás algo dulce. Este alimento debería comunicar un mensaje de amor en sí mismo.

La carta dentro de la lonchera, sin embargo, va un paso más allá. No es necesariamente importante lo que dice la nota—todas tienen el mismo mensaje. Las notas dicen: «Oye, hice esto porque te amo, y escribí esta nota para recordarte cuánto te...».

Como cristianos, sabemos que Cristo murió por nosotros. Sabemos que Su sacrificio fue la más grande muestra de amor que se nos pudo haber demostrado. La mayoría de los cristianos tienen este conocimiento incluso sin leer su Biblia, y no puedo pensar en una realidad más triste. Es como abrir tu lonchera, ver la nota que ha sido escrita para ti, para luego tirarla a un lado sin siquiera abrirla. Nunca harías eso.

La Biblia fue escrita para demostrar el amor de Dios para ti. Así que, sí, puedes tener el conocimiento de lo que Cristo hizo por ti. Puedes saber que Dios te amó tanto que envió a Jesús a morir por ti, pero nunca podrás experimentar el gozo de saber lo mucho que te ama a menos que tomes el tiempo de abrir tu Biblia y leas al respecto.

Nunca se apartará de tu boca este libro de la ley,
sino que de día y de noche meditarás en él, para que guardes
y hagas conforme a todo lo que en él está escrito; porque
entonces harás prosperar tu camino, y todo te saldrá bien.

JOSUÉ 1:8 (RVR 1960)

¿Alguna vez has construido un fuerte hecho de cobijas? ¿Hiciste un escondite usando una combinación de almohadas y cobijas cuando eras pequeña? Es probable que la mayoría de nosotras hayamos hecho alguna fortaleza u observado a alguien creando una. Hemos visto algunas sencillas construidas con un par de sillas y otras más elaboradas que usan toda clase de muebles y cajas como soporte. Cualquiera sea el estilo o la extravagancia del fuerte, hay algo que permanece igual, y al verlo, sentimos un poco de gozo. Incluso las que debemos tener nuestras casas en perfecto orden, experimentamos algo de emoción genuina cuando vemos estas tiendas hechas con nuestras cobijas. No importa el humor en el que estemos, nos inunda un asombro infantil cuando vemos una.

Este asombro no viene de disfrutar estos fuertes (aunque siguen siendo divertidos). Este asombro viene de los recuerdos que vienen a nuestra mente. Viene de una memoria o emoción que no se ha experimentado en mucho tiempo. Todos tenemos estos momentos. Puede ser el olor de cierta comida que trae memorias de un ser amado. Puede ser una canción que nos lleva a cierto momento de nuestro pasado. Algunas veces, pudiera ser incluso una prenda de vestir que vemos tal y como la vestía un familiar. Reconocer este sentimiento es algo increíblemente especial. Demuestra que hay un aprecio más profundo por algo de lo que anticipábamos.

Nuestra relación con Cristo no es diferente. Tal y como ver un fuerte de cobijas en uso, algunas veces nos topamos con cierto pasaje bíblico y encontramos un significado más profundo de lo que recordábamos en un principio. Para todos los cristianos, la Biblia es un mensaje que está en evolución constante. Es algo que profundiza en nuestro corazón cada vez que tomamos el tiempo para estudiarlo. Piensa en tu pasaje favorito. Piensa en la primera vez que Dios te reveló algo a través de él. Piensa cómo la sabiduría del versículo o pasaje ha profundizado cada vez más en tu corazón cada vez que lo lees.

Así como el fuerte de cobijas, nuestro entendimiento de la Escritura se profundiza al ir creciendo. De niños, el fuerte de cobijas era algo simplemente divertido. Como adultos, el fuerte de cobijas es un símbolo de un tiempo más sencillo y puro. Su significado se ha profundizado al paso de los años. En la Biblia, un versículo puede haber sido algo especial al verlo y escucharlo, pero al ir creciendo vamos entendiendo el significado histórico y teológico de nuestros pasajes favoritos, y ese es un gozo que no puede explicarse.

**El les dijo: Venid vosotros aparte a un lugar desierto,
y descansad un poco. Porque eran muchos los que iban y
venían, de manera que ni aun tenían tiempo para comer.**

MARCOS 6:31 (RVR 1960)

En esta nueva era tecnológica, hay un fenómeno interesante que ocurre en las personas de todas las edades. Cada uno de nosotros ha aprendido, para bien o para mal, la importancia de optimizar la batería de nuestros teléfonos. Algunos dan por sentado su teléfono y se acaban la batería antes de que se termine el día. Otros aprenderán cuánto les dura la batería y ajustarán su uso para asegurarse de que les dure por lo menos la mayor parte del día. No importa qué tipo de persona seas, lo que importa es el hecho de que los dos tipos de individuos reconocen la necesidad inevitable de dejar su teléfono y permitir que se cargue. Podemos encontrar una solución alterna en estas citaciones. Algunos nos sentamos a un lado del enchufe eléctrico y usamos el teléfono mientras se carga. Otros compramos una batería portátil, la cual necesita ser cargada también. No importa lo que hagas, nada reemplaza el simplemente soltar el teléfono, permitir que se cargue y dejarlo un momento.

Es increíble que muchos de nosotros entendemos esto cuando se trata de nuestros aparatos electrónicos, y aun así olvidamos completamente esta

29

realidad cuando se trata de nuestras vidas. Trabajamos horas extra. Nos esforzamos un poco más en ese proyecto que necesita ser terminado. Nos quedamos despiertos un poco más tarde para asegurarnos de que el siguiente día esté planeado. No me malinterpretes. No hay nada malo con trabajar duro. Es una de las mejores cosas que podemos hacer. No creo que exista tal cosa como sobre-trabajar, pero si existe tal cosa como descansar menos de lo adecuado. Muchos de nosotros vivimos nuestros días cuidando niños, asegurándonos de que todos tengan algo que comer y de que están donde deben estar, y el único descanso que tenemos es cuando colapsamos en nuestras camas sólo para despertarnos y repetir el ciclo al siguiente día. Este no es el tipo de vida para el que fuimos creados. No fuimos hechos para simplemente sobrevivir. Fuimos hechos para prosperar.

Descansar es importante. Es vital para el gozo que encontramos en la vida. Cuando no tomamos el tiempo de recargar fuerzas, nos perdemos del gozo que puede encontrarse en la vida. Las fiestas de cumpleaños no son tan especiales cuando estás exhausto. Las reuniones familiares no son tan significativas cuando no has dormido, e incluso pasar tiempo con el Señor puede parecer tedioso si pasas ese tiempo sintiendo que estás por colapsar. Dicho de una manera sencilla, descansa, reagrúpate y toma nuevas fuerzas. El gozo que experimentarás con un corazón descansado será mayor al que pudieras experimentar con un alma cansada.

**Tus ojos miren lo recto, Y diríjanse tus párpados
hacia lo que tienes delante.**

PROVERBIOS 4:25 (RVR 1960)

A l leer el título de este capítulo es posible que te cuestiones por qué razón se encuentra esta historia en un libro sobre el gozo. Algunos de nosotros hemos vivido este título de una forma u otra, y nunca ha sido una experiencia gozosa. Esto, sin embargo, no significa que el gozo sea imposible de tener. Para una joven mujer, limpiar su escritorio no era algo que la emocionara. Ella había desarrollado amistades en este escritorio. Había obtenido nuevas habilidades en este escritorio, e incluso tenía una vista perfecta de la ciudad, la cual el resto de la oficina envidiaba, y aun así ella dejaría este escritorio. Dejaría estas experiencias que la habían formado profesional y personalmente. ¿Cómo podía esperarse que ella tuviera gozo? ¿Como podía esperarse que siquiera sonriera en tal situación? La respuesta es clara. Ella escogió tener gozo. Escogió ver lo que estaba del otro lado de su situación actual.

Para esta joven mujer, limpiar su escritorio no era el resultado de un despido. Era el resultado de una nueva oportunidad. Se le había dado la oportunidad de superarse en una nueva empresa con mejores horarios y más sueldo. Realmente era una oportunidad gozosa para ella. Su propio jefe le dijo que no sería sabio dejar pasar una oportunidad como esta. Así que, aunque ella dejaría un lugar en el cual había encontrado amor y comodidad, estaba por experimentar una oportunidad que tendría más gozo del otro lado.

Muchos de nosotros tenemos miedo de dar pasos que puedan cambiar nuestra situación actual, la cual conocemos y en la cual estamos cómodos. Hemos echado raíces, así que la idea de movernos a un lugar nuevo parece extraña o incluso mala. Algunas veces confundimos la felicidad con el gozo. Créeme, hay una diferencia. El gozo significa que hay un bien mayor del otro lado de cualquier dolor temporal que podamos experimentar.

Cada uno de nosotros, de vez en cuando, nos encontramos con momentos para «limpiar nuestro escritorio». Somos colocados en situaciones donde tenemos que escoger entre lo que es cómodo y lo que pudiera ser más grande y gozoso de lo que pudiéramos imaginarnos. Así que, no tengas miedo de «limpiar tu escritorio». No permitas que los placeres y comodidades actuales te impidan seguir adelante. Esto puede significar que hay un potencial para sufrir frustración a corto plazo, pero sabe que normalmente hay gozo que viene de esa situación. Hay gozo esperando en el otro lado del sufrimiento por las razones correctas.

Lámpara es a mis pies tu palabra,

Y lumbrera a mi camino.

SALMO 119:105 (RVR 1960)

~⁓◯

¿Alguna vez has realizado una caminata nocturna? Es una experiencia increíble si tienes la oportunidad de hacerla. No debería ser necesario mencionar esto, pero nunca vayas de excursión por ti misma, especialmente en la noche. Se ha vuelto un evento popular entre los amantes de la vida al aire libre. Cuando sales a caminar en la noche, se añade un toque de misterio. Incluso los senderos conocidos pueden parecer mundos nuevos cuando son alumbrados por la luz de la luna y las estrellas en lugar del sol.

Normalmente toma más tiempo realizar este tipo de caminatas por la falta de luz. Incluso si un senderista ha recorrido ese sendero muchas veces, debe ser más cauteloso por la falta de luz. Para combatir esto, los senderistas usan lámparas y linternas para aluzar el camino frente a ellos. Esto no quiere decir que pueden ver tan lejos como cuando es de día, pero les ayuda a ver al menos unos cuantos metros frente a ellos. El hecho de no poder ver el camino entero frente a ti es algo que nos hace sentir incómodos, y aun así, cada vez más personas salen a estas caminatas nocturnas.

Si lo pensamos, nuestras vidas diarias no son tan diferentes. Muchos de nosotros estamos en un camino en el cual avanzamos paso a paso—sin saber qué hay al final o en cierto sentido no sabemos si quiera qué hay en el camino, y aun así, caminamos por él. En cierto sentido, todos estamos en una caminata nocturna. Muchos permitimos que lo desconocido tenga cierto poder debilitante sobre nosotros. Aun cuando debemos andar por fe y no por vista, esto no cambia la realidad de que constantemente volteamos al cielo y le pedimos a Dios que «nos de una señal» o que «nos muestre el camino».

Así no obra Dios. Se nos ha prometido ver unos cuantos metros frente a nosotros y confiarle el resto a Él. Servimos a un Dios que nos sostiene. Adoramos a un Dios que nos ama tanto que aunque no podamos ver la idea completa frente a nosotros, podemos confiar en que todo es parte de Su plan para nuestras vidas. Este es el tipo de amor que Dios tiene para cada uno de nosotros. ¿Cómo no encontrar gozo en eso?

El ladrón no viene sino para hurtar y matar y destruir;

yo he venido para que tengan vida,

y para que la tengan en abundancia.

JUAN 10:10 (RVR 1960)

Piensa en alguna vez en la que te hayan robado el gozo. Es probable que todos podamos pensar en un momento en el que alguien se robó nuestro gozo. Todos conocemos a los culpables. Esos culpables son los dueños de los comentarios ofensivos, despreciativos, sarcásticos y groseros, actitudes de condescendencia e incluso expresiones faciales sutiles. A ellos les llamamos ladrones de gozo. No son ladrones salvajes que irrumpen en nuestro corazón y aplastan nuestras emociones para luego irse con el gozo que puedan tomar, ni son rateros—introduciéndose sigilosamente a nuestros corazones para robar partes valiosas de ese gozo. Ellos son más como estafadores. Entran a nuestras vidas y nos convencen de darles nuestro gozo. Dicho de una manera sencilla, nosotros les permitimos tener nuestro gozo.

¡Qué pensamiento! ¿Las personas que nos ofenden no son culpables del gozo que nos han robado? Así es. Estos individuos solamente se alimentan de aquellos que saben que entregarán su gozo a cambio de frustración y enojo. Tan difícil como parezca aceptarlo, es nuestra culpa por permitir que nos quiten el gozo. Esto nos lleva a la pregunta: si es nuestra culpa que nos roben el gozo, ¿por qué nos sucede tan a menudo? ¿Por qué dejaríamos que alguien tenga tal poder sobre nosotros?

La triste realidad es que hay muchas razones. Tal vez ellos son seres queridos de quienes buscamos aprobación. Tal vez es un jefe que tiene una opinión sobre el trabajo que valoramos. Tal vez es un amigo a quien queremos complacer. Quienquiera que sea, hay personas que tienen la habilidad de llegar a nuestros corazones y pedir nuestro gozo, y por cualquier razón, nosotros simplemente lo entregamos. Colocamos nuestro gozo en ellos.

Algunas veces estas personas usan mal nuestro gozo a propósito; algunas veces no es de manera intencional. No deberíamos molestarnos con estas personas. El gozo es algo que está reservado solamente para aquellos en quienes podemos confiar profundamente. Esta es la razón por la que el divorcio y los problemas familiares lastiman tanto. Esto sucede porque son áreas en las que podemos poner nuestra confianza, incluso cuando tienen la posibilidad de defraudarnos.

Se lo que estás pensando. ¿Dónde están las buenas noticias? ¿Cuándo llegaremos a la parte gozosa? Bueno, ya hemos mencionado el secreto. ¿Dónde estás poniendo tu gozo? ¿Lo estás colocando en tus relaciones con personas o lo estás encontrando en Dios? No es algo malo disfrutar las relaciones que Dios nos ha dado, pero no hay un gozo que se parezca al que encontramos en Dios y en nuestra relación con Él. No entregues a las personas el tipo de gozo que debe estar en Dios. Dale ese gozo a Dios y encuentra un amor y gozo que nadie a tu alrededor puede tocar.

Estando persuadido de esto, que el que comenzó en vosotros

la buena obra, la perfeccionará hasta el día de Jesucristo.

FILIPENSES 1:6 (RVR 1960)

D any tiene una pequeña obsesión. No es una peligrosa, de hecho, no es una adicción a algo. Dany tiene una fijación con los zapatos de su papá, un par en específico. A él no le importan los zapatos deportivos de su padre, ni sus pantuflas, y te dirá que sus mocasines son feos, pero hay algo especial en lo que él llama los «zapatos de niño grande» de su padre.

Esos zapatos de vestir son de color café claro, siguen guardados en su caja, y solamente los usa en ocasiones especiales, juntas importantes de trabajo y cada vez que su padre usa un traje azul. Dany adora a su padre, pero hay algo que sobresale cuando usa esos «zapatos de niño grande». Pareciera que le hace caminar con más orgullo. Camina más erguido. Su sonrisa es aun más ancha y cuando llega a casa, parece haber tenido un mejor día.

Por esta razón, Dany comenzó a rogar por sus propios «zapatos de niño grande». Él quería ser confiado como su papá. Cuando se dio cuenta de que parecía que no recibiría esos zapatos, decidió encargarse por sí mismo.

Una mañana, su padre se alistaba para la iglesia, y Dany decidió que él usaría sus zapatos cafés. El padre de Dany buscó a su esposa para preguntarle si había visto los zapatos cafés. En lugar de encontrar a su esposa, encontró a Dany—vestido en su atuendo para la iglesia, y usando unos zapatos del doble del tamaño de sus pies. Su padre sonrió y le preguntó qué hacía usando sus «zapatos de niño grande». La respuesta de Dany tomó por sorpresa a su padre. Dany volteó a verlo y amorosamente dijo: «no puedo hacer todo lo que haces tú, pero al menos puedo usar tus zapatos».

Muchas veces suponemos que, porque no podemos vivir una vida exactamente igual a la de Cristo, eso debe significar que vivir la vida cristiana es imposible. Esto no es así. Vivir una vida cristiana significa descansar en la vida perfecta de Cristo y vivir una vida que refleje que hemos sido adoptados como hijos de Dios. Muchos de nosotros nos damos cuenta de que no podemos llegar cerca a ese nivel de perfección y suponemos que cualquier intento será en vano. Jesús ya ha vivido la vida perfecta y ahora nos toca descansar en Él y agradarle. No nos llamó a caminar por un camino estrecho sin tambalear. Eso debe darnos gozo, porque Él sí es perfecto. Nosotros somos llamados a seguirlo a Él. Así que, ponte tus «zapatos de niño grande» y camina—sabiendo que tus pasos no tienen que ser perfectos, solamente sigue el camino diseñado por nuestro Padre.

**Inclina a mí Tu oído, rescátame pronto; Sé para mí
roca fuerte, Fortaleza para salvarme.**

SALMO 31:2 (NBLA)

Si pudiera algún día conversar con David, el rey autor de muchos salmos, esto es algo de lo que quisiera decirle: «Gracias por ser real». No sé si en la eternidad será posible; pero si lo fuera, creo que esas serían mis palabras. Al menos, algunas de ellas.

El Libro de los Salmos está entre los favoritos de la mayoría de los cristianos, y creo que se debe al hecho de que nos podemos identificar mucho con esos versos. Los salmos fueron escritos por personas tristes, alegres, frustradas, a veces solitarias, temerosas, valientes, llenas de amor, llenas de rabia. Sí, así es. Aquí no tengo espacio suficiente, pero si estudias los salmos con cuidado verás que todas estas emociones figuran entre sus páginas.

Por estos días el mundo vive momentos oscuros, bajos; días en el valle de la tribulación, la incertidumbre, el temor, la ansiedad. Y, ¿sabes?, los momentos oscuros de la vida pueden llevarnos a muchos lugares; nosotros tenemos que decidir a cuál iremos. He llegado a la conclusión de que el único lugar seguro es la Palabra de Dios y Su presencia. En cuanto me salgo de allí el momento difícil se vuelve todavía más bajo y oscuro.

Así que, leyendo el libro de Salmos, llegué al 31, un salmo donde su autor, David, suplica a Dios protección y ayuda. Si leemos el versículo 2 encontramos una oración suplicante: «Inclina a mí Tu oído, rescátame pronto; sé para mí roca fuerte, fortaleza para salvarme» (NBLA). Estas son las palabras de alguien que sabía dónde acudir en momentos de angustia y debilidad. Dios escucha. Nuestras oraciones no se quedan en el techo. En días como estos que hoy vivimos, la preocupación solo produce más preocupación y ansiedad. Corramos a Dios y abrámosle nuestro corazón, no solo porque nos escucha, sino porque es nuestra roca, Él permanece firme, nos sostiene.

Además, David dice: «Me gozaré y me alegraré en Tu misericordia, porque Tú has visto mi aflicción; has conocido las angustias de mi alma» (Sal. 31:7). ¿Te percataste? En medio de circunstancias difíciles, había un motivo de alegría: la misericordia de Dios. Esa nunca se agota, es nueva cada mañana, ¡y de ahí que podamos alegrarnos! Es una alegría que no depende de las circunstancias, sino de Dios, que domina las circunstancias y que no solo nos escucha, sino que ve nuestra angustia. ¡No estamos solos en esta situación!

Nuestras vidas están seguras en Dios: «Y no me has entregado en manos del enemigo; tú has puesto mis pies en lugar espacioso» (v. 8). David escribió este salmo en medio de la angustia de la persecución. En esta pandemia nos «persigue» un enemigo microscópico, dañino y poderoso. Pero nuestro Dios es el mismo; incluso si nos tocara atravesar una enfermedad temible, ¡tenemos Su promesa de llevarnos más allá de la muerte porque Cristo la venció! Por su obra en la cruz sabemos que pase lo que pase, el Señor nos pondrá en ese lugar espacioso, hermoso, perfecto que es Su presencia eterna.

> **Porque él no desprecia ni tiene en poco
> el sufrimiento del pobre; no esconde de él su rostro,
> sino que lo escucha cuando a él clama.**
>
> SALMO 22:24 (NVI)

En el momento más crítico de la historia de la humanidad, cuando todo parecía perdido y el Hijo de Dios agonizaba en la cruz del Calvario, este fue el salmo que estuvo en Su mente y corazón (Mat. 27:46). Se trata de uno de los pasajes de la Biblia más explícitos sobre el sufrimiento incomparable de Jesús por nosotros.

Al igual que David, el autor humano del salmo, Jesús soportó gran aflicción antes de ser exaltado como el Rey del pueblo de Dios. Sin embargo, las cosas que en este salmo lucen como exageraciones o meras figuras literarias por parte de David para ilustrar y expresar su dolor, fueron verdaderas en Jesús.

Los vestidos de Jesús fueron repartidos y otros echaron suerte sobre ellos mientras Él estaba desnudo y en vergüenza (v. 18; comp. Mat. 27:35). Sus manos y pies fueron horadadas en verdad (v. 16). La gente lo miró colgado en la cruz, y menearon la cabeza en burla hacia Él mientras le decían: «Este confía en el SEÑOR, ¡pues que el SEÑOR le ponga a salvo!» (v. 8;

comp. Mat. 27:43). En aquella cruz, Él experimentó realmente el abandono de Dios para que nosotros no tengamos que experimentarlo jamás si creemos el evangelio (v. 11; comp. Mat. 27:46).

El Salmo 22 parece escrito por el mismo Jesús mientras agonizaba en el Calvario. Por lo tanto, es un salmo que nos llama a la esperanza en Dios. No importa cuán terrible sea la adversidad que enfrentemos, sabemos que Dios está con nosotros porque Su Hijo sufrió hasta lo sumo para que eso fuese una realidad. Cristo fue tratado como un criminal ante el Juez del universo para que tú y yo podamos ser recibidos como hijos.

Además, este salmo nos recuerda que Dios conoce el dolor no solo porque conoce todas las cosas, sino también porque lo experimentó por nosotros. Nuestro Salvador es varón de dolores experimentado en aflicción (Isa. 53:3). Esto no brinda todas las respuestas que quisiéramos aquí y ahora a todas nuestras preguntas en medio del sufrimiento, pero sí es la muestra más grande de que Dios no es indiferente a nuestra aflicción. El sufrimiento de Jesús en la cruz es la muestra irrefutable de Su amor por nosotros que nunca nos dejará (Rom. 5:8; 8:31-39)

Al mismo tiempo, este salmo no solo nos apunta al sufrimiento de Cristo, sino también a Su exaltación (v. 22) y nuestra adoración a Dios en respuesta a Su salvación (v. 23-31). Por tanto, ora que el Señor te conceda deleitarte más en Su amor revelado en el evangelio, y que así tu corazón sea movido a la alabanza en medio de la prueba. Cristo no se quedó en el sepulcro. Él fue exaltado. En esto tenemos la certeza de nuestra salvación y esperanza.

Excelso es nuestro Señor, y grande su poder;

su entendimiento en infinito.

SALMO 147:5 (NVI)

⁓⟳

Este salmo es un hermoso cántico de alabanza al Señor por Su gran poder y Su perfecta protección hacia los suyos. En esta ocasión el salmista empieza exhortando al pueblo de Israel a que alabe al Señor: «... ¡Cuán bueno es cantar salmos a nuestro Dios, cuán agradable y justo es alabarlo!» (v. 1), para luego presentar las múltiples razones por las cuales es digno de ser alabado. Alabamos al Señor por Su salvación, presente y futura. El SEÑOR es quien edifica Jerusalén (v. 2), quien vuelve a reunir a Su pueblo (v. 2), quien sana las heridas del corazón (v. 3); el poder del Señor es tan grande que Él puede contar todas las estrellas y llamarlas a cada una por su nombre: ¿Cómo no habría de cuidar un Dios tan poderoso a cada uno de nosotros, los que formamos Su pueblo?

Tal y como adelantaba el versículo 4, el mismo Dios que cuenta las estrellas es quien cuida de Su pueblo escogido. El poder de Dios es mucho más alto de lo que podamos jamás entender. Dios extiende las nubes y prepara la lluvia (v. 8), da de comer a los animales (v. 9), y aunque la Creación es obra de sus manos y Él la sustenta perfectamente, Dios no encuentra Su máximo deleite en ella, sino en Su nueva creación: «Sino que se complace en los que le temen, en los que confían en su gran amor» (v. 11).

De ahí proviene el imperativo del salmista que podemos apropiarnos cada uno de nosotros: ¡Alaba al SEÑOR! Dios se goza en nuestras alabanzas y en un corazón humilde y sumiso delante de Él. La salvación de Dios es muy generosa y muy grande. Él usa a toda Su creación para proteger a Su Israel ante todos sus enemigos, y delante de Su poder, «¿quién puede resistir?» (v. 17). Ahora bien, esperando llegar al clímax de su salmo, el autor se guarda para el final la más grande las bendiciones de Dios para con los suyos: «A Jacob le ha revelado su palabra; sus leyes y decretos a Israel. Esto no lo ha hecho con ninguna otra nación; jamás han conocido ellas sus decretos. ¡Aleluya! ¡Alabado sea el SEÑOR!» (v. 19-20). Israel se goza, ante todo, por el hecho de conocer la voluntad del Señor y ser poseedor de Su revelación. Ese es también para nosotros, Su Israel, nuestro mayor gozo, deleite, y beneficio.

Además de las muchas bendiciones materiales del Señor para contigo, ¿cuentas como tu mayor bendición el poder tener Su preciosa Palabra y el privilegio de poder meditar en ella? ¿Das gracias a Dios por haber revelado a Su Hijo en ti (Gál. 1:16)? Que en medio de las bendiciones que te rodean, o aún en los momentos de escasez y aflicción, esta sea tu más grande bendición y tu primer motivo de alabanza a Dios. Él podría habernos privado de conocerlo, pero por Su bondad infinita, Dios nos ha hablado y ha hecho de nosotros una nación santa. Nosotros le hemos conocido y hemos sido comprados para alabarle. ¡Aleluya!

Dichoso el que pone su confianza en el SEÑOR...

SALMO 40:4 (NVI)

$\sim$

Cuando yo estaba en la universidad, mi familia vivía en la región norte del país de Chile. En unas vacaciones de verano de la universidad, tocó la casualidad de que llegué a casa de mis padres el mismo día que habían sufrido un terremoto de 8.1 grados en la escala Richter. Experimentar las réplicas que duraron por muchos días fue una de las experiencias más desconcertantes que he tenido en toda mi vida. Simplemente no hay nada como el sentir no poder pisar tierra firme. El efecto mental, espiritual y físico de no poder bajar la guardia fue tremendo. Siempre había que estar alerta por si fuera necesario salir corriendo de la casa.

Los tiempos de dificultad y angustia nos provocan muchas veces este mismo sentir. Hay un estrés sobre la mente, el corazón, y el cuerpo cuando sentimos que «la tierra» debajo de nuestros pies se mueve. Anhelamos la estabilidad que nos permite respirar profundo y descansar. Buscamos alivio de la presión constante de lo desconocido. Nos sobrecoge la impaciencia, deseando ver una solución inmediata.

El salmista vivió experiencias muy parecidas a las nuestras. Sentía que estaba en la fosa de la muerte, desesperado, atrapado en el lodo de un pantano denso. Reconocía su condición pobre y necesitada, indigno de que Dios

45

lo tomara en cuenta. Su propio pecado lo agobiaba, junto con el pecado de otros hacia él. Para David, no parecía que hubiera tierra firme donde colocar sus pies y sentir un descanso de la presión y angustia.

No podemos negar la realidad de los males que nos rodean. De hecho, no es recomendable ni sano intentar vivir como si la inestabilidad y desesperanza no fueran reales. David nos deja un ejemplo de un hijo de Dios que acepta la verdadera condición del mundo que lo rodea y de su propia vida, pero que sabe qué hacer con su desesperación. Conoce la fuente del rescate del lodo.

«Puse en el Señor toda mi esperanza...» (Sal. 40:1).

«Pacientemente esperé a Jehová» (Sal. 40:1, RVR60).

Esperanza. ¡Qué palabra tan hermosa y complicada! Es hermosa cuando el objeto de tu esperanza es confiable, pero lleva un sentido incierto cuando no es así. La clave de la esperanza de David está en su objeto. Puso toda su esperanza en el Señor. El resultado fue que logró la estabilidad que buscaba. «... Puso mis pies sobre una roca, y me plantó en terreno firme» (v. 2). David mismo no lo logró por sus propios esfuerzos. Dios ya había provisto todo lo que David necesitaba en medio de la incertidumbre. David tenía que apropiarse de la provisión de Dios.

En medio de tiempos inciertos, enfermedad, amenaza de necesidad económica extrema, luchas con la tentación, inestabilidad emocional y duda espiritual, hay una sola fuente de esperanza verdadera que no está sujeta a ningún elemento terrenal. Cuando ponemos nuestra esperanza en Jehová, aunque nada cambie en nuestra situación actual, todo cambia en nuestra situación espiritual. Junto con el salmista, podremos cantar un himno nuevo, proclamar las buenas nuevas, abandonar nuestros ídolos, declarar el amor del Señor en la asamblea, experimentar victoria sobre el pecado, y exclamar: «¡Cuán grande es el Señor!».

> **Dios es nuestro amparo y nuestra fortaleza,**
> **nuestra ayuda segura en momentos de angustia.**
>
> SALMO 46:1 (NVI)

Hay momentos en donde regiones del mundo pueden experimentar el colapso de sus sistemas. Países en donde los sistemas de gobierno colapsan, como sucedió con el muro de Berlín y el bloque comunista en el año 1989, o cuando hay guerras civiles. También podemos ver este fenómeno como resultado de desastres naturales. Por ejemplo, el paso del huracán Katrina puso a la ciudad de Nuevo Orleans de rodillas con el desplome de la gracia común en ese lugar. Yo pude ser testigo de la devastación del huracán María en Puerto Rico, en septiembre del año 2017. Cuando llegué a la isla 10 días después del paso de esta tormenta, todo era destrucción y desorden.

Pero en estos días estamos experimentado el colapso de la sociedad como la conocemos por el efecto de un organismo tan pequeño como un virus. Fronteras están siendo cerradas, la economía se está deteniendo y ciudades como Nueva York están paralizadas. La reacción natural del ser humano es temer. Temer puede darnos un sentido de seguridad al hacernos pensar que es la respuesta adecuada a la circunstancia que vivimos y porque justifica que actuemos de maneras que nos hacen sentir seguros. En Estados Unidos, algunas personas acumulan comida y papel higiénico para sentirse «seguros», pensando que con una alacena llena todo estará bien.

¿A dónde acude el creyente en estos momentos de incertidumbre y devastación? El Salmo 46 es el lugar en las Escrituras que claramente nos dice al lugar que debemos acudir. En medio de nuestro temor, en medio de los sistemas políticos colapsando, en medio de la naturaleza rugiendo, tenemos promesas de Dios que deben sostenernos.

«Dios es nuestro amparo y nuestra fortaleza, nuestra ayuda segura en momentos de angustia.

Por eso, no temeremos, aunque se desmorone la tierra

y las montañas se hundan en el fondo del mar; aunque rujan y se encrespen sus aguas,

y ante su furia retiemblen los montes » (vv. 1-3, NVI).

Dios es un refugio, es un lugar donde podemos protegernos. Es un lugar, en el que cuando todo parece caer, nos sentimos seguros. En una ocasión estaba manejando junto a mi familia cuando una tormenta comenzó a azotar el área. Los celulares anunciaban la cercanía de tornados y mi hija menor se llenó de miedo. Tan pronto llegamos a la casa se tranquilizó, se sentía segura. Dios es ese lugar seguro para los creyentes. No solo es refugio, también es nuestra fortaleza. Fortaleza se refiere a aquello que nos da fuerza. Al sentirnos protegidos nos fortalecemos. ¿Alguna vez fuiste víctima de acoso o intimidación («bullying»)? ¿Te sentías fuerte cuando tu hermano mayor iba contigo a enfrentarlo? De la misma forma nos sentimos fuertes porque ningún enemigo puede derrotarnos. Pero lo más asombroso es que Dios es una ayuda pronta, cercana. Él no está lejos. En estos días, ningún presidente de una nación va a consolar a cada ciudadano personalmente. Ellos están en la Casa Blanca, en la Casa Rosada o en el Zócalo. Pero Dios está cercano.

Él está con nosotros en nuestra dificultad.

Por eso, no tememos. El versículo 8 nos invita a mirar las obras de Dios para sentir seguridad.

En este tiempo, la mayor obra que miramos para calmar nuestras almas es el evangelio. Miramos al niño en el pesebre, Dios tomando forma de hombre para representarnos. Miramos Su vida perfecta que nos da justicia. Miramos Su sacrificio en la cruz que remueve nuestros pecados. Miramos la tumba vacía que nos da esperanza de vida eterna. Y por Sus obras entonces podemos hacer lo que el versículo 10 nos demanda: «Quédense quietos, reconozcan que yo soy Dios...».

Este «quédense quietos» no es un tiempo devocional con una taza de café en donde meditamos tranquilamente. Quedarse quietos es someternos en obediencia que se refleja en confianza al Dios que hace las obras. Entonces, por medio de Su obra tenemos paz y por eso no tememos. Estad quietos es la demanda de Dios a un mundo rebelde a que confiemos en Él. Cuando todo colapsa, estamos quietos porque Jesús hizo lo que no podíamos hacer.

Mi alma se aferra a ti; tu mano derecha me sostiene.

SALMO 63:8 (NVI)

Desesperación. Ansiedad. Crisis. Soledad. Sin duda, todos hemos enfrentado estas experiencias en algún momento. Muchos las estamos enfrentando en este momento. Sin embargo, no somos los únicos. El pueblo de Dios siempre se ha enfrentado a este tipo de situaciones.

El gran rey David pasó por estas experiencias. En el Salmo 63, David siente que está en un desierto. Ahí se encuentra sediento, enfrentando un ambiente inhóspito que no le ofrece el agua y el refugio que necesita. David clama intensamente a Jehová desde su desesperado desierto (v. 1). Aunque no sabemos con exactitud qué sucede en su vida, el versículo 9 sugiere que personas buscan matarle. En esa situación desearíamos refugio, un lugar seguro, que tenga todo lo que necesitamos. Pero David se encuentra en un ambiente opuesto: el desierto seco y árido.

La gran ansiedad de David le roba el sueño y llena su mente de pensamientos angustiosos. De madrugada David está despierto (v. 1). En el versículo 6, encontramos que toda la noche está acostado en su lecho, pero no está durmiendo en paz ni está viviendo confiado (Sal. 4:8).

Sin embargo, a pesar de esta situación extrema, en pocos versículos el salmista pasa de la sedienta desesperación a la alabanza jubilosa (vv. 3, 5, 11).

Pasa de la ardiente sed a quedar satisfecho de un suculento banquete (v. 5). ¿Qué sucede? ¿Cambia su situación?

¿Sale del desierto y llega a su palacio?

No, la situación de David no cambia. Lo que cambia es su enfoque. En vez de enfocarse en sus circunstancias angustiosas, David se enfoca en su Dios. Busca a Dios con anhelo intenso (v. 1). Recuerda el glorioso poder que había contemplado en el pasado (v. 2). Recuerda el amor leal del Dios que había hecho pacto con él (v. 3). El suculento banquete satisface su corazón cuando se acuerda de Dios en su lecho y piensa en Dios toda la noche (v. 6). Sabiendo que aun en el desierto está a la sombra de las alas del Altísimo, puede cantar porque sabe que Dios es su ayuda y sostén (v. 8).

El Salmo 63 nos enseña cómo tratar con nuestra desesperación, angustia y soledad. La clave no es cambiar nuestra situación sino cambiar nuestro enfoque. Cuando el Dios de poder glorioso sea nuestro enfoque, el oasis de Su amor leal nos satisfará.

En las noches, cuando la ansiedad se apodera de nuestros corazones y nos roba el sueño, ¿cómo responderemos? ¿Dejaremos que la desesperación llene nuestras mentes y mine nuestras fuerzas?

¿Recurriremos a Netflix, anestesiando la mente para que ya no tengamos que pensar en nuestra angustiosa situación? No. Estas cosas no satisfarán nuestro corazón. Como el salmista, recordemos al Dios glorioso y poderoso que nuestros ojos han contemplado (v. 2). Recordemos Su amor leal que estableció pacto con nosotros y que nunca nos dejará (v. 3); sabemos esto porque nos dio a Su mismísimo Hijo (Rom. 8:32). Ese amor, que es mejor que la vida, moverá nuestros labios a cantar jubilosas alabanzas aun en medio del desierto.

Reflexiones en los salmos

Con mi voz clamé al Señor,

Y Él me respondió desde Su santo monte. (Selah)

Yo me acosté y me dormí;

Desperté, pues el Señor me sostiene.

No temeré a los diez millares de enemigos

Que se han puesto en derredor contra mí.

SALMO 3:4-6 (NBLA)

¿Has estado buscando con desesperación alguna posible solución a tu aflicción? Quizás creíste haber encontrado la salida al problema, pero terminaste regresando al mismo punto al que no querías volver. Aunque rodeado de muchas personas, te sientes igual de solo y angustiado, queriendo gritar con desesperación por algún salvavidas que te saque de ese mar embravecido en el que sientes que estás.

Aunque puede parecer que eres el único en esa situación y nadie más se siente como tú, déjame decirte que más de uno ha sentido o siente las aguas hasta el cuello, hasta el punto en el que creemos que no podemos. Pero no quiero repetirte lo que ya has escuchado: que todo estará bien, que ya pasará o que te resignes a vivir así. ¡No! Tu Dios no quiere que vivas una vida sumergida en la angustia, Él quiere que podamos experimentar la paz y el contentamiento aun en los momentos duros, porque esa confianza de vivir plenamente solo la puede dar el único y verdadero Dios, con un poder sobrenatural, quien quiere que vivamos para Él.

Pero no estamos solos en este sentir, hace muchísimos años, David entendía muy bien lo que todos pasamos a lo largo de la vida. Él era perseguido por su propio hijo, Absalón. Y su vida corría riesgo aún al dormir. Sin embargo, David tenía la certeza de que cuando clamaba al Señor, Él le respondía.

Y tú puedes preguntarte, de dónde saca tanta confianza David para decir que no tendrá temor aún cuando su vida estaba en peligro constante. Al leer todo el Salmo 3 verás que David revela lo claro que entendía de quién estaba hablando. Y es que no podemos hablar de confiar en un Dios soberano y grandioso, si realmente no pasamos tiempo con Él. Solo podemos amar aquello que conocemos y David sabía lo que significaba poner su vida entera en manos de Dios porque conocía el poder de su Creador.

Por eso, ese Dios, que habita en un monte Santo y que escucha la voz diminuta de un ser vivo aquí abajo en un pedazo chiquito de la galaxia, llamada Tierra, ha inclinado Su oído y nos ha escuchado. Cómo no querer conocerlo, cómo no poner mi vida entera en Sus manos.

Porque ese mismo Dios que estuvo con David en sus temores, es el mismo Dios que está con nosotros en el momento de la aflicción. Todo puede parecer oscuro hoy día, pero levanta la cabeza, no estás solo, tu Creador ha venido a tu lado para mostrarte a Jesús, tu redentor y decirte que hay salvación y que cuando tú clames, Él jamás dejará de oírte. Que tu fe te lleve a conocer más a tu Creador y saber que te ha dado salvación en medio de esta batalla.

Estad quietos, y conoced que yo soy Dios;
Seré exaltado entre las naciones; enaltecido seré en la tierra.

SALMO 46:10 (RVR 1960)

Muchos supondrían que siempre saber qué decir es una disciplina digna de tenerse. Tal vez eso sea cierto, pero algunas veces, hay un impacto incluso mayor en reconocer los momentos donde las palabras no son necesarias. Muchos de nosotros hacemos nuestro mejor esfuerzo para decir las palabras correctas, pero hay un mayor gozo que puede venir cuando una persona en lugar de dar sus palabras da de su tiempo.

No muchos están interesados en que les den consejos en una situación difícil. No queremos que nos prediquen en los momentos donde la frustración pareciera reinar. Todos hemos escuchado a nuestra pareja o a algún amigo decir: «algunas veces, sólo necesito que escuches». El silencio es una virtud; es el proveedor de uno de los mayores gozos en existencia: ser comprensivo.

Piensa acerca del tono que usamos para describir a este tipo de personas. ¿Hablamos de la persona locuaz con el mismo aprecio que de aquel que escucha intencionalmente? Si pudiéramos decir «ella siempre tiene algo que decir...» en lugar de «ella siempre sabe escuchar...», ¿cuál de las dos crees que traería más gozo?

Aunque podamos tener aprecio por ambas, hay algo especial en las personas que prestan su oído, escuchan intencionalmente y nos permiten procesar nuestros pensamientos y emociones sin interrupción. Siempre existe la tentación de interrumpir cada momento que sentimos que tenemos una palabra correcta, pero muchas veces puede no ser el momento de recibirla. Esto es lo que hace al silencio una disciplina gozosa. Todos nosotros podemos pensar en un momento cuando nos interrumpieron a mitad de oración con algún consejo bien intencionado. ¡Es frustrante! El gozo, sin embargo, viene del individuo que nos hace sentir escuchados.

Dios nos ha llamado a cada uno de nosotros a compartir palabras sabias. Eso es un hecho, pero Él también nos recuerda que debemos tratarnos unos a otros con respeto y dignidad. Escuchar a alguien sin interrupción es una de las cosas más respetuosas que podemos hacer por nuestros seres queridos que están pasando por un tiempo difícil. Después de todo, nunca escucharemos de alguien decir: «gracias por decirme qué hacer sin permitirme terminar de expresar mis pensamientos», pero casi pudiéramos apostar que habrá un corazón agradecido y gozoso en las personas que sienten que han sido respetadas y escuchadas.

Así que, ve y escucha. Antes de dar las palabras perfectas llenas de amor y sabiduría, asegúrate de haber practicado la disciplina del silencio y tomado el tiempo de escuchar a tus seres queridos.

Mi ayuda proviene del SEÑOR,

creador del cielo y de la tierra.

SALMO 121:2 (NVI)

D e niña no sabía por qué este era mi salmo preferido. Cada vez que lo leíamos en la iglesia empezaba a llorar; era como si este salmo describiera lo que sentía y pensaba de Dios que no podía poner en palabras. Una seguridad inundaba mi corazón. Nada pudo haberme advertido que, al guardar las palabras de este salmo en mi memoria, me encontraría recordándolas con lágrimas en medio de los tiempos que vendrían de soledad, dificultad, confusión, incertidumbre y tristeza. Estas palabras evocaban una declaración de lo que ya creía, pero que aún necesitaba creer más. Me hacía sentir, y aún lo hace como aquel hombre honesto que respondió a Jesús:

«Sí creo... ¡ayúdame en mi poca fe!» (Mar. 9:24). Este es también uno de los dos salmos que, junto a mi abuela, aun en la distancia, separadas por océanos y países, recitamos y que la demencia senil que afecta su mente y su memoria, todavía puede proclamar con su mente y corazón.

Este es un salmo de ascensión de las personas que recorrían el empinado camino a Jerusalén, que estaba ubicado en la altura y lo recitaban como una oración y un recordatorio a sus propias almas. En la Biblia, Dios da consistentemente la orden de recordar y no olvidar a Su pueblo. No debían olvidar quién es Él y lo que Él había hecho. Cuando lidiamos con tiempos de ansiedad e incertidumbre, un salmo como este aterriza nuestros corazones en la tierra firme de la Palabra. Al fin y al cabo, somos extranjeros y advenedizos en la tierra. Sin embargo, más alto que la ciudad de Jerusalén que estaba por delante, a los viajeros se les recordaba que sus muchos viajes no tendrán comparación con los viajes de la vida.

Haber memorizado las palabras de este salmo ha sido un depósito imprescindible en tiempos de angustia. En medio de la amenaza que el coronavirus ha causado, el mundo ha cambiado su ritmo (oremos para que cambien muchas cosas más profundas y valiosas). Mi boda debía ocurrir esta semana y ha quedado pospuesta indefinidamente. Después de esperar más de cuatro décadas para conocer y unirme a la persona por quien he orado, y de que mis planes sean interrumpidos, Dios no se inmuta, no cambia, no se mueve. Tampoco nadie que ponga sus pies sobre el camino eterno será removido. Nuestros planes pueden cambiar, pero el camino permanece seguro. Esta es una esperanza para viajeros por esta tierra cuyo destino eterno es cada vez más atractivo.

Ahora sé por qué amaba tanto este salmo. Explica perfectamente el sentimiento de un viajero inseguro y la declaración de confianza en el Dios seguro. Un viajero vulnerable a los imprevistos del camino, que puede refugiarse en el Dios invulnerable quién no se moverá. Un viajero que en la incertidumbre puede confiar en un Dios certero, que sabe no solo el rumbo, sino que diseña cada parte del camino a transitar. Un Dios que no se cansa, que no duerme ni se distrae mientras los viajeros pueden disfrutar el viaje porque Dios es quien construye el camino y conduce a los viajeros de esta tierra hacia el descanso eterno que nos da paradas de descanso de este lado de la eternidad. Esta noche, a pesar del coronavirus, de la economía mundial, del cansancio emocional, tú puedes dormir porque Dios no duerme. Puedes dormir en el tren o el avión del camino porque Dios pilotea a salvo.

Escucha, Señor, mi voz. Estén atentos

tus oídos a mi voz suplicante.

SALMO 130:2 (NVI)

E l Salmo 130 es uno de los siete salmos penitenciales o de confesión que encontramos en la Biblia. En el salmo, el corazón del salmista sufre por causa de su pecado. Y, aunque son unos pocos versículos, tenemos mucho que aprender de la conciencia del pecado y de la seguridad del perdón.

En medio de nuestro pecado podemos tener la tendencia de escondernos de Dios. Nos sentimos avergonzadas y sufrimos las consecuencias, sin acudir a Él por temor a que voltee Su rostro por causa de nuestra maldad. Pero esto no es lo que vemos aquí.

Quien escribió estos versículos sabía que, aun en lo profundo de su dolor, podía clamar a Dios y Él lo iba a escuchar (vv. 1-2).

Porque hay un solo lugar en el que nuestros corazones pueden ser sanados. Hay un solo lugar en el que podemos encontrar perdón para nuestras transgresiones. Y es en la presencia de nuestro Padre celestial. Aun habiendo cometido los pecados más horrendos, podemos correr a Sus brazos en busca de socorro.

Pero el salmista tenía algo muy claro: «Si tú, SEÑOR, tomaras en cuenta los pecados, ¿quién, Señor, sería declarado inocente?» (v. 3). Ciertamente nadie podría estar de pie delante del Señor, nadie podría ser declarado inocente frente a Él por su pecado, a menos que la cruz fuera una realidad: «Pero en ti se halla perdón, y por eso debes ser temido» (v. 4).

Por la obra de nuestro Señor Jesucristo nosotras podemos permanecer de pie delante de Dios. ¡Por Su obra tú y yo podemos ser declaradas perdonadas porque Él pagó nuestra deuda! (2 Cor. 5:21). Cada pecado fue clavado en la cruz del Calvario y por eso podemos ser perdonadas y restauradas.

Por la gloriosa cruz, luego de habernos arrepentido y confesado nuestro pecado delante de Dios, podemos responder como el salmista: «Espero al Señor, lo espero con toda el alma; en su palabra he puesto mi esperanza» (v. 5). Esperamos en Él mientras nos sumergimos en la Palabra, y lo conocemos más a Él y sus caminos. Es ahí, por el poder de Su Espíritu y a través de Su Palabra, que nuestros corazones son sanados, restaurados y transformados.

Al pecar, recuerda que puedes correr en arrepentimiento a los brazos de tu Padre y esperar en Él, porque Jesús compró tu perdón y libertad.

Tu trono, oh Dios, permanece para siempre;

el cetro de tu reino es un cetro de justicia.

SALMO 45:6 (NVI)

Reinos van y reinos vienen. Es probable que sepamos de algunos reinos humanos que aún están vigentes, monarquías que quizás tienen siglos de existir, pero ninguno de ellos es perfecto y ninguno de ellos es eterno.

Este salmo, con un sentir de gozo y celebración, revela la eternidad del trono de Dios, un reino eterno y perfecto. Revela a Cristo como el Rey porque Dios lo ha coronado y bendecido para siempre. También revela algunos aspectos de Su carácter, como Su veracidad y humildad, pero Su símbolo de autoridad es la justicia: «Tu trono, oh Dios, permanece para siempre; el cetro de tu reino es un cetro de justicia» (v. 6).

Nuestro Dios es un Dios justo, que ama la justicia y aborrece la maldad. Su reino se caracteriza por ello. Los versículos 6 y 7 revelan a este Mesías como el Rey eterno y el ungido de Dios.

Cristo está presente en cada página de la Biblia. Desde la eternidad hasta la eternidad, Su reino es inmutable y eterno. Y ¡qué maravilloso recordatorio de que en ese reino eterno estaremos nosotras al lado suyo! Somos parte de Su Iglesia, de Su novia, por quien Él espera, por quien dio Su vida y por quien volverá.

«La princesa es todo esplendor, luciendo en su alcoba brocados de oro. Vestida de finos bordados es conducida ante el rey, seguida por sus damas de compañía. Con alegría y regocijo son conducidas al interior del palacio real» (vv. 13-15).

Ya que Cristo nos limpió, nos rescató y nos vistió con vestiduras blancas y espera por nosotros para la boda real, las bodas del cordero, los que somos Su iglesia, Su novia, estamos siendo conducidos para ser parte de Su reinado. Este mundo es temporal, pero Su reino es eterno.

Y mientras estamos en esta tierra, a la espera de la gloriosa venida de nuestro Señor Jesucristo, anunciemos Su reino, Su mensaje, de generación en generación.

Su nombre es perpetuo y digno de exaltación por los siglos de los siglos. Tengamos esto en nuestra mente y corazón: Su reino es eterno y algún día moraremos con Él, a Su lado por siempre.

> **Bendeciré al SEÑOR en todo tiempo;**
> **mis labios siempre lo alabarán.**
>
> **SALMO 34:1 (NVI)**

David escribió este Salmo en los días cuando fingió demencia ante Abimelec, estaba huyendo de Saúl y se refugiaba con otro montón de hombres desdichados en una cueva. Solo digamos que la mayoría de nosotros, no preferiríamos recurrir a la adoración en días así, sin embargo, David seguía cantando, practicando lo que aprendió a hacer desde que era un simple pastorcito. Él comienza este salmo con las siguientes palabras: «Bendeciré al SEÑOR en todo tiempo; mis labios siempre lo alabarán» (Sal. 34:1). Esa línea de apertura, aparentemente simple, delata una visión clara: David está en la posición correcta como criatura y siervo. Dios, por Su lado, es su Señor y Dueño, digno de ser adorado por quién es: la Roca eterna e inconmovible. En el solo acto de reconocer nuestra situación delante de Dios hay una ganancia tremenda porque significa que, en medio de circunstancias tan complicadas e indeseables, podemos descansar en la integridad y perfección de nuestro Padre.

David continúa declarando que su alma se gloría o jacta en Dios y, por lo mismo, puede admitir sus temores, que seguramente son muchos en ese momento. David, en esta situación, me recuerda a otro gran hombre de Dios: Pablo, quien escribió en la carta a los Gálatas: «En cuanto a mí, jamás se me ocurra jactarme de otra cosa sino de la cruz de nuestro Señor Jesucristo» (Gál. 6:14). Si nos detenemos a examinar a las personas más fructíferas en el Reino, este es un común denominador: reconocer su debilidad y dejar ver la fuerza de Dios. Nosotros podremos sentirnos como sea y estar rodeados de lo que sea, pero siempre podremos gloriarnos en quién es Dios y quizás esta sea la manera más poderosa de abrir paso para testificar al mundo que nos ve. La manera completamente sincera en que David se acerca al trono del Dios vivo frente a ese montón de hombres conflictuados, es lo que le permite en seguida invitarlos a que «prueben y vean que Dios es bueno» y decirles que refugiarse en Él es una dicha. Solemos pensar que los afligidos que nos acompañan en nuestra propia cueva necesitan nuestra habilidad, fuerza y un buen humor que ignore las circunstancias, para poder infundirles ánimo y confianza, pero en la Escritura no se nos prohíbe sentir lo que tengamos que sentir, sino más bien, se nos invita a procesarlo delante del Señor y los salmos son prueba de esto. Vemos a David, un hombre que en este punto ya tenía un liderazgo impresionante, que nunca pierde la sensibilidad de venir transparentemente para «afinar» su corazón ante Dios y en ese mismo ejercicio, incluir una invitación para los que están viendo su aflicción y la confianza en su Dios. Quizás nuestro mayor aporte en días de oscuridad sea nuestro clamor sincero y nuestra vulnerabilidad confesada mientras adoramos al Poderoso de Israel. Si el Señor está cerca de los quebrantados de corazón, de los que ya no quieren cantar, mostrarles nuestro quebranto no es mala idea; si salva a los de espíritu abatido, confesarlo es un buen paso.

Den gracias al SEÑOR, porque él es bueno;

su gran amor perdura para siempre.

SALMO 136:1 (NVI)

$\sim\!\!\infty$

Son pocos los seres humanos que no sienten un apretón de emoción en su corazón al escuchar una historia de lealtad y amor que salta barreras e ignora faltas para salvar o proteger al objeto de su amor. A la mayoría nos conmueve escuchar de una madre que, a pesar de las palabras y acciones hirientes de su hijo, siempre busca ayudarle y proveer para él. Una joven anhela que un hombre la ame y atesore a pesar de sus defectos físicos. Todos valoramos la lealtad y el amor fiel de un amigo que sacrifica lo suyo para apoyarnos en un momento de necesidad y vulnerabilidad. Fuimos creados para anhelar ser amados, y con la capacidad de amar.

Si le preguntáramos a 100 personas que dicen creer en Dios cuál es el atributo más conocido de Dios, la gran mayoría contestaría, «amor». Dios es amor.

El problema es que cuando las cosas se empiezan a poner feas en la vida, no me siento amada. Cuando las estructuras alrededor mío que siempre han provisto de estabilidad relativa se empiezan a derrumbar, no me siento protegida. Cuando personas que siempre han sido proveedores y protectores no son leales, o simplemente ya no están ahí, mis sentimientos y sentidos me dicen que ya no soy objeto de amor.

Y escucho las mentiras de Satanás porque no he entendido el verdadero carácter del amor de Dios.

En el Salmo 136, tenemos una de las frases más hermosas y llenas de significado para el creyente en toda la Biblia. Una y otra vez se repite la misma frase, como un refrán que hace eco en los hemisferios del cerebro y con cada repetición penetra un poco más profundo. Mientras el salmista relata la hermosa historia de la salvación de Israel, esta frase grita repetidamente la explicación, la causa, la fuente de esa salvación. «Su gran amor perdura para siempre» (Sal. 136:1-26).

Todo lo que Dios ha hecho por Su pueblo se basa en Su carácter, en esta cualidad que es única de Él. El significado es tan profundo que aparentemente es difícil de capturar en la traducción al español. Dejemos que el trabajo de traductores a lo largo de la historia amplíe nuestro entendimiento de esta pequeña frase. «Porque para siempre es su misericordia» (RVR60). «Porque su amor es eterno» (DHH). «Su fiel amor perdura para siempre» (NTV). «Su misericordia permanece para siempre» (RVC).

El Dios creador del universo y de cada ser humano tiene un carácter tal que Él no puede dejar de ser leal y fiel a Sus promesas. El amor que Él tiene hacia sus hijos es 100 % confiable y no tiene límite. Es un amor de pacto, un pacto que no puede romperse. Podemos repasar la historia de nuestras vidas y ver esa lealtad y amor infalible, y podemos confiar que es imposible que ese amor y misericordia fallen. El carácter inmutable de nuestro Dios de pacto es el fundamento sobre el cual incontables creyentes han podido perseverar con esperanza en medio de incertidumbre, peligro y angustia. Tú y yo no somos la excepción. Deja que esta pequeña y enorme frase retumbe en tu mente en medio de cualquier dificultad:

«Su fiel amor perdura para siempre».

Cuídame, oh Dios, porque en ti busco refugio.

SALMO 16:1 (NVI)

∽⌒◞

Este Salmo es referenciado más de 20 veces en el Nuevo Testamento (Hech. 2:27-31; 13:35; Apoc. 1:18) y al observar estas referencias directas cumplidas en la vida y obra de Cristo, estamos sin duda alguna ante un salmo mesiánico. Sin embargo, podríamos preguntarnos: «¿Cómo puedo comparar la vida y el sufrimiento de Cristo al mío?». Algunos pensamos que es algo pretencioso hacer esto. Otros, sin darnos cuenta podríamos minimizarlo ante el peso de Su divinidad. Al presentarse ante Dios, el salmista recurre a una razón y con una actitud irrechazable: la razón es que en Dios busca su refugio, impulsado por una actitud de humildad. El salmista no recurre a sus propios méritos o fidelidad. Muchos estamos acostumbrados a decir las cosas correctas y confiamos en esto al acercarnos a Dios. El problema es que el Mesías, en Su vida y obra sería caracterizado por Su descanso y confianza en Dios mismo y el hacer Su voluntad. Por otro lado, nosotros no podemos hacer esto.

Nuestra suerte, futuro, destino y cada paso entre los hitos perdurables y significativos están formados por «mosaicos»: días, horas, eventos, acciones que pueden parecer insignificantes. Aun así, cada uno de ellos están en el designio y bajo el control soberano y diseño de Dios (ver 2 Cor. 1:3-7).

En este Salmo, David reconoce a Dios y sus atributos perfectamente reflejados en Cristo encarnado: Dios protector (v. 1), Señor sobre todo, soberano (v. 2), fuente de toda riqueza y bien (v. 2), Dios de justicia y venganza (v. 4), Dios mismo como herencia y recompensa de los que le aman (v. 5), Dios sustentador (v. 5), Dios que aconseja (v. 7), Dios que guía, va delante (v. 8), fuente de seguridad (v. 9), Dios que destruye y vence la muerte (v. 10), Dios de resurrección (v. 10), Dios de vida (v. 11), Dios de gozo (v. 11), Dios eterno (v. 11).

Aquellos que hemos conocido a Cristo y le reconocemos como Señor sobre nuestras vidas, tenemos la esperanza de que, en la unión con Él, no solo Su sufrimiento es el nuestro, sino que todas las riquezas en gloria y esperanza las tenemos en Él. Él vino para dar vida en abundancia y esa vida no comienza de aquel lado de la eternidad cuando la muerte cambia nuestro estatus de residencia. Esa vida en Cristo, que recibimos no solo por Su muerte, sino por Su resurrección, la recibimos al momento de nuestra conversión. Somos beneficiarios de una esperanza que no se ve amenazada por ningún enemigo, circunstancia y no es dejada al azar. Es una esperanza que descansa y está garantizada por el amor del nombre de Dios, Su reputación, porque es parte de quién es Él y Él no compromete Su reputación ni Su fama. No es por nuestras bondades ni por nuestras debilidades, sino por amor a sí mismo y a Su gran nombre. Es la mejor garantía que podemos tener y en la cual nos deleitamos, no cuando iniciemos la eternidad en gloria, sino desde ahora. Porque sus deleites son para siempre, en Cristo.

... ¡Dichosos los que en él buscan refugio!

SALMO 2:12 (NVI)

∽⌒

uando mi hijo pequeño tuvo un resfriado, me sentí completamente impotente. Él mismo no parecía entender lo que le sucedía a su cuerpo: el dolor, la fiebre, la tos. Todos nosotros hemos tenido algún resfriado alguna vez. Al escribir esto, me sorprende pensar que un virus microscópico, algo que no podemos ver con nuestros propios ojos, nos debilite de tal modo que terminemos en la cama sin nada qué hacer.

En estos tiempos me he dado cuenta de que algo pequeño, como un virus, puede doblegar no solamente a una persona, sino a naciones enteras. Cuando sucede algo así, cuando incluso las instituciones más poderosas se ven rebasadas por algo tan pequeño, pudiera ser inevitable pensar: ¿quién está a cargo? ¿Será que el gobierno está a cargo? Parece que no. ¿Quizás la medicina y la ciencia es la respuesta? Tampoco. ¿Nosotros mismos? Mucho menos.

El Salmo 2 señala claramente quién es el que está a cargo: Dios. Este salmo mesiánico (es decir, que predice y apunta hacia el Mesías, Jesucristo) proclama que ninguna de las naciones poderosas puede salirse del señorío del Cristo, el Mesías de Dios (vv. 1-3).

Aunque las naciones piensen que pueden salirse del reinado y la soberanía de Jesucristo, eso es absolutamente imposible. Dios está en Su trono y nada lo puede sacar de allí.

Es ese Dios, sentado en el trono, quien ha decretado a Jesucristo como Su Hijo eterno (v. 7), como el heredero del mundo, el único que puede regir a las naciones con juicio y justicia (v. 8-9).

Así que cuando tu vida parece salirse de control, hay alguien que siempre estará en absoluto y completo control. El mismo Dios que estableció a Su Hijo Jesús como el rey del mundo, es el mismo que gobierna sobre las naciones.

Y también sobre tu situación.

Puede ser que en tiempos así tu alma se vea invadida por la duda. Estamos acostumbrados a tener las cosas bajo control. O por lo menos, eso intentamos. Y cuando repentinamente algo sucede, y esas cosas que malabareábamos con aparente destreza caen al suelo y se estrellan en pedazos, recordamos algo que deberíamos saber, pero frecuentemente olvidamos: no estamos en control. No somos los reyes de nuestro propio imperio.

Cuando Dios nos lleva hasta allí, debemos levantar nuestra mirada al cielo, al lugar en donde nuestra mirada debería siempre estar, y poner nuestra confianza en Dios.

Tú puedes confiar en ese Dios. De hecho, el salmo termina diciendo: «... ¡Dichosos los que en él buscan refugio!» (v. 12). Así que el salmista proclama una bienaventuranza sobre aquellos que depositan su confianza en el Dios verdadero.

Quiero animarte a que, por la gracia, obedezcas a la voz de Dios que te dice: «Confía en mí».

Sí, confía.

Reflexiones Cortas

El propósito de Dios

Entonces María dijo: Engrandece mi alma al Señor.

LUCAS 1:46 (RVR 1960)

~~~

Estamos a principios del año, ya han pasado las festividades navideñas, pero la gratitud por la provisión, la protección y el propósito de Dios para nuestra vida no se debe olvidar. Esta fue la razón por la cual María y Elisabet estaban tan contentas que alabaron a Dios con expresiones del alma y el corazón.

A veces olvidamos lo que Dios está haciendo por nosotros y ni siquiera tenemos tiempo de agradecérselo. Es muy común que algunas personas pidan oración cuando están atravesando por una situación difícil, pero al pasar del tiempo borran de su mente lo sucedido, como si nadie más hubiera contribuido al interceder por ellas en oración.

Sabemos que Dios tiene un propósito para cada criatura que viene a este mundo. Algunos lo reconocen y otros lo desconocen. A pesar de la duda o el rechazo, nunca faltan la provisión y la protección de Dios porque Él es amor. ¿Cuántas veces has recibido algo que no merecías? ¿Qué siente tu alma? ¿Con qué actitudes puedes engrandecer al Señor? La respuesta es sencilla, hay dos maneras de vivir: una es pensar que nada es un milagro, la otra es pensar que todo lo es. Tu vida es un milagro.

¡SÍ! LA MANO MILAGROSA
DE DIOS HA DIBUJADO CADA
MOMENTO DE NUESTRA VIDA.

Servir por amor

Le dijo la tercera vez: Simón, hijo de Jonás, ¿me amas?

Pedro [...] le respondió: Señor, tú lo sabes todo;

tú sabes que te amo. Jesús le dijo: Apacienta mis ovejas.

JUAN 21:17 (RVR 1960)

Jesús no acepta respuestas superficiales. Las tres respuestas de Pedro fueron cariñosas, no de un amor ágape, por eso el Señor le quiso abrir los ojos con la tercera pregunta que se puede interpretar como: «¿De veras eres mi amigo?». Jesús sabía hasta dónde quería llegar y Pedro necesitaba enfrentar sus sentimientos, también necesitaba comprender que quien amaba de verdad a Jesús debía estar dispuesto a servirle.

Podemos esquivar nuestra conversación con palabras similares, pero nunca podremos engañar al Señor con excusas, con dudas o miedo. Decir que el Señor lo sabe todo y responder a Su llamado con pretextos es tratar de dar por sentado que ya Dios no va a «molestar» más. Eso sucede porque no se conoce bien o no tiene una buena relación con el Creador. La comunión con Dios es sincera, genuina y leal.

No esperes a que Jesús tenga que invitarte más de una vez a servirle. Él es nuestro Salvador, amigo y Señor. ¿Palpita tu corazón con más fuerza cuando escuchas la invitación del Pastor? ¿Tienes un deseo ferviente de contribuir a la expansión del reino de Dios en la tierra? Lo que ves te enseñará a creer lo que no has visto todavía.

RECUERDA QUE AL ENEMIGO LE GUSTARÁ QUE DEJES PARA MAÑANA TUS INTENCIONES ESPIRITUALES.

La unidad de los creyentes

**Sino que siguiendo la verdad en amor,
crezcamos en todo en aquel que es la cabeza,
esto es, Cristo.**

EFESIOS 4:15 (RVR 1960)

Nuestras acciones deben reflejar la integridad de Jesucristo. Que estemos unidos en Cristo no significa que vamos a perder nuestra individualidad. Dios nos ha regalado dones, distintos y distintivos. Esto es como una insignia que se recibe por llegar a ser discípulo de Jesús.

Primero, debemos dedicarnos a la verdad en amor porque nuestras acciones deben reflejar la integridad de nuestro Salvador y Señor. Segundo, debemos crecer en todo porque así manifestamos nuestra fe en Cristo. Tercero, debemos cumplir con la obra de Dios en este mundo porque para eso hemos sido llamados. Es mucho más fácil cuando realizamos todo esto con amor a Dios, a nuestros hermanos en la fe y a los perdidos. El crecimiento se obtiene practicando la obediencia, la fidelidad y la comunión con Dios. Cumplir con la obra de Dios es perseverar y lograr que la prioridad de nuestra vida sea tener la visión de Dios.

No es necesario ser perfectos de la manera en que muchos lo interpretan. Lo mejor es evitar la competencia y la crítica porque la gente lo detectará, y entonces tendrán la impresión de que estamos más interesados en nosotros mismos y en nuestra inteligencia que en la verdad de Jesús.

LA NECESIDAD MÁS URGENTE DE LA IGLESIA ES ALCANZAR ALMAS PARA CRISTO.

En una base sólida

**Porque nadie puede poner otro fundamento
que el que está puesto, el cual es Jesucristo.**

1 CORINTIOS 3:11 (RVR 1960)

El evangelio no es solamente para los llamados «inconversos». Algunos han comprado esa mentira y se han dado a la tarea de atraer a creyentes débiles para reconstruir su propio reinado. Lo triste de esta situación es que las falsas doctrinas arrastran a muchos porque complacen sus gustos y muestran lo que desean escuchar.

Esto no es nuevo, aunque las comunicaciones, desde el punto de vista global, han logrado penetrar en las mentes y los corazones de los que quieren probar algo diferente. La inquietud que tiene la humanidad es apropiarse de lo divino para obtener galardones que no les corresponden.

Un miembro de una iglesia evangélica se entrevistó con otro que comenzó su conversación preguntándole: «¿Por qué tengo que creer en Jesús para ir al cielo? ¿Acaso no hay otra manera, o hay que seguirlo obligatoriamente?». El supuesto creyente le contestó: «Bueno, hay muchas maneras de llegar al cielo, pero todo depende de tu punto de vista». La entrevista terminó sin expresar la verdad.

Nadie, absolutamente nadie, puede poner otro fundamento. Las manifestaciones resbaladizas nos muestran que allí no están ni la labranza ni el edificio de Dios. Cada uno debe mirar cómo y en quién sobreedifica.

NO PERMITAS QUE EL ENGAÑO TE DESVÍE, NO HAY PRETEXTO PARA DEJAR DE SERVIR A JESUCRISTO.

Justificados por siempre

Y esto erais algunos; mas ya habéis sido lavados,

ya habéis sido santificados, ya habéis sido

justificados en el nombre del Señor Jesús,

y por el Espíritu de nuestro Dios.

1 CORINTIOS 6:11 (RVR 1960)

Si leíste todo el pasaje que mencionamos, te habrás dado cuenta de que tú, u otra persona conocida, puede haber pasado por lo que narran los dos primeros versículos. Dios, definitiva o automáticamente, no repudia a los incrédulos que se mencionan. Si fuera así, las iglesias estarían vacías. Los que dicen ser cristianos y siguen con esas prácticas no heredarán el reino de Dios. Los que pecan de tal manera pueden lograr que nuestro Señor y Salvador Jesucristo cambie sus vidas.

Vivimos en una sociedad permisiva, con el punto de vista de los que no toman en cuenta los mandamientos de Dios y les importa un bledo lo que les pueda suceder después de haber abandonado esta tierra.

Necesitamos hacer una autoevaluación de nuestro estilo de vida. ¿Estás conforme con los que siguen la corriente de este mundo? ¿Quiénes son tus héroes, los deportistas, artistas, políticos o celebridades? Tu alma se puede corromper y adaptarse a lo que exige la sociedad actual: un juego, una canción, una película, un contacto visual, un entretenimiento. Un pensamiento de supuesta compasión o adaptación pueden influir negativamente en ti. Dios puede lavarte, santificarte y justificarte en el nombre de Jesús.

**NO TE DEJES DOMINAR POR EL MUNDO,
PORQUE NO TODO CONVIENE.**

Para la gloria de Dios

Ninguno busque su propio bien, sino el del otro.

1 CORINTIOS 10:24 (RVR 1960)

Para conocer la gloria de Dios, experimentar Su poder y misericordia, y que nos use para la extensión de Su reino, tenemos que vivir según Su Palabra. Reconoce que quien no sirve a Dios donde vive, no lo va a servir en ninguna otra parte. La Biblia menciona muchos pasajes exhortándonos a amar a los demás. A algunos les parecerá una exigencia, pero en realidad es una bendición compartir con quienes nos relacionamos, los que no conocen a Jesucristo, sin dejarnos influenciar por el mal. Dios coloca a Sus hijos donde puedan brindarle la mayor gloria a Él, pero nosotros no somos capaces de escoger dónde está ese lugar.

La peor actitud hacia los incrédulos no es odiarlos, sino ser indiferentes con ellos. Tenemos el mejor regalo que podemos ofrecerles a otros: la salvación de su alma. Ama a Dios, vive la verdad, predícala y defiéndela. El que no testifica de Jesús, traiciona la verdad. Lo que pienses o lo que sepas te llevará a glorificar a Dios y agradecerle sus bendiciones. Ten paciencia y compasión con los demás. Recuerda cómo Dios te trató. Nada hay tan agradable como brindarle algo a alguien que no te lo pueda pagar.

EL SEÑOR NO SOLO TE JUZGARÁ
POR LO QUE HACES, SINO POR CUÁNTO
MÁS HUBIERAS PODIDO HACER.

Para honra y edificación

**¿Qué hay, pues, hermanos? Cuando os reunís,
cada uno de vosotros tiene salmo, tiene doctrina,
tiene lengua, tiene revelación, tiene interpretación.
Hágase todo para edificación.**

1 CORINTIOS 14:26

Mi esposa y yo somos aficionados a la música clásica, incluso algunos de nuestros familiares, incluyendo a nuestra hija, tocan en orquestas sinfónicas. Cuando los músicos se preparan para un concierto, cada quien comienza a hacer calentamiento para poner a tono su instrumento. El desorden es obvio y nada armonioso para el oído; no se sigue ningún orden y no se dejan guiar por director alguno. Sin embargo, cuando comienza el concierto, cada instrumento toca lo que le corresponde de la pieza musical, se producen sonidos que deleitan y su conjunto resulta increíble. ¿Cuál es la razón? Cada músico toca lo que le corresponde, respeta los tiempos y sigue las estrictas indicaciones del director de la orquesta. Si cada uno de los músicos tocara por su cuenta, aunque siguieran las notas que les corresponde interpretar, todo sería un verdadero caos y lo más probable es que el público, en lugar de quedarse a escuchar la orquesta, terminaría por irse, dejando la orquesta sola.

Interesante es lo que el apóstol Pablo le indicó a la iglesia de Corinto sobre cómo debe ser una reunión de cristianos. Se debe producir una verdadera armonía, donde lo que cada quien tenga para presentar en el culto a Dios posea el ingrediente del orden y sirva para la edificación de todos. Si cada creyente asumiera este compromiso, honraría a Dios, edificaría a su iglesia y cada culto sería como escuchar una sinfonía.

SEÑOR, ENSÉÑAME A ADORARTE DE TAL MANERA QUE TE HONRE Y EDIFIQUE A LOS DEMÁS. ¡AMÉN!

¿Libres o esclavos?

Porque vosotros, hermanos, a libertad fuisteis llamados; solamente que no uséis la libertad como ocasión para la carne, sino servíos por amor los unos a los otros.

GÁLATAS 5:13 (RVR 1960)

En el estricto sentido de la palabra, podemos decir que para ser libres necesitamos hacernos esclavos de algo. El marino que se echa a la mar para navegar con libertad se tiene que hacer esclavo del compás y de otros instrumentos de navegación. Si alguien decide estar libre de las caries, le es preciso hacerse esclavo del cepillo de dientes. De la misma manera, si un atleta desea lograr un alto rendimiento en su disciplina, está obligado a ser un esclavo del riguroso entrenamiento. De lo anterior podemos desprender que en realidad no existe una absoluta libertad en nada, aunque la quisiéramos, pues para sentirnos libres es preciso hacernos esclavos de algo.

Una clave importante en la vida es saber elegir nuestras libertades y esclavitudes, lo que es válido en todo orden de cosas. En lo que se refiere a nuestra relación con Dios, no es diferente. Para poder gozar de la libertad a la que el Señor nos llama, es preciso dejar la esclavitud del pecado. No es posible tener a ambos, a Dios en el corazón y seguir pecando, pues a la larga uno de los dos se convertirá en nuestro amo y nos ha de dominar. Dios nos llama a ser libres, pero no a ser «libertinos» y llevar una vida que lo glorifique. ¿Es tu caso? Nuestro texto devocional nos recuerda: «Porque vosotros, hermanos, a libertad fuisteis llamados» (Gál. 5:3a).

GRACIAS, SEÑOR, PORQUE LA LIBERTAD QUE OBTENEMOS DE TI NOS HACE LIBRES DE LA ESCLAVITUD DEL PECADO.

Sirve al Señor sin interés alguno

**Apacentad la grey de Dios que está entre vosotros,
cuidando de ella, no por fuerza, sino voluntariamente;
no por ganancia deshonesta, sino con ánimo pronto.**

1 PEDRO 5:2 (RVR 1960)

Se cuenta que un mendigo vio venir a la reina de su país y se propuso pedirle una limosna que de seguro sería muy generosa. Al acercarse la reina, le hizo la solicitud y para sorpresa del hombre ella le dijo: «¿Por qué tú no me das algo a mí? ¿No soy yo tu reina?».

Ante la sorpresa de tan insólita solicitud no atinó a nada, pues se consideraba demasiado pobre. Pero la reina insistió en que buscara algo entre sus pertenencias y por fin encontró una naranja, un pan y cinco granos de arroz. Pensó que la naranja y el pan eran mucho para darlo y le obsequió los granos de arroz. La reina, complacida, le obsequió una moneda de oro por cada grano. Tan sorprendido estaba el hombre que enseguida le ofreció el pan y la naranja. Pero la reina, con dulzura, le comentó: «Solo se puede retribuir lo que das de corazón».

Es muy fácil reconocer que muchas veces lo que hacemos responde a acciones egoístas, para satisfacer los propios intereses y no los de los demás.

Lo importante es que a la hora de servir tomemos en cuenta la recomendación del Apóstol Pedro y lo hagamos «no por fuerza, sino voluntariamente; no por ganancia deshonesta, sino con ánimo pronto» (1 Ped. 5:2b).

SEÑOR, PERMITE QUE SIRVAMOS
EN TU OBRA NO POR MOTIVOS EGOÍSTAS,
SINO SIN INTERÉS ALGUNO. ¡AMÉN!

Despertar con Cristo

Pero cada uno en su debido orden:
Cristo, las primicias; luego los que
son de Cristo, en su venida.

1 CORINTIOS 15:23 (RVR 1960)

Leía la historia de un hombre que relataba los últimos días que él y su hermano pasaron junto a su madre que estaba gravemente enferma. Se turnaban para atenderla en lo que ellos consideraban los últimos momentos de vida de la fiel mujer. A veces le leían las Escrituras, a pedido de ella, oraban a Dios y, sobre todo, cantaban los himnos que había marcado como favoritos en su usado himnario. Una noche se sentía bastante fatigada y les dijo a sus hijos que estaba preparada para ir al lugar que Jesucristo ya tenía dispuesto para ella. Luego les indicó que la dejaran sola y que se fueran a descansar. Al darles las buenas noches, ella comentó: «Nos vemos mañana, si no es aquí, será en el cielo junto al Señor». Esa madrugada la encontraron muerta.

¿Cuánta certeza tienes tú del lugar al que irás cuando mueras? ¡Qué maravilloso ha de ser despertar un día en la presencia de Cristo! Él solo se nos adelantó, como la madre de esta historia. La Biblia nos asegura: «Cristo, las primicias; luego los que son de Cristo» (1 Cor. 15:23b).

¿Es esta la seguridad que tú tienes si murieras en este momento? Si eres un creyente no debes dudar, pero si no lo eres, asegúrate en Dios.

SEÑOR, GRACIAS POR LA SEGURIDAD QUE TENEMOS DE DESPERTAR ALGÚN DÍA EN TU PRESENCIA. ¡AMÉN!

Conservaos en el amor de Dios

**Conservaos en el amor de Dios,
esperando la misericordia de nuestro
Señor Jesucristo para vida eterna.**

JUDAS 1:21 (RVR 1960)

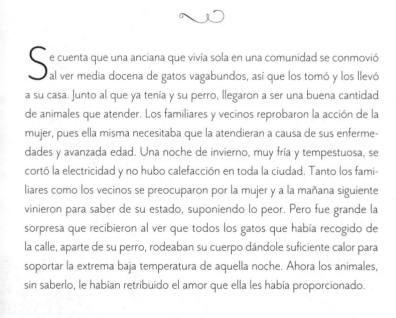

Se cuenta que una anciana que vivía sola en una comunidad se conmovió al ver media docena de gatos vagabundos, así que los tomó y los llevó a su casa. Junto al que ya tenía y su perro, llegaron a ser una buena cantidad de animales que atender. Los familiares y vecinos reprobaron la acción de la mujer, pues ella misma necesitaba que la atendieran a causa de sus enfermedades y avanzada edad. Una noche de invierno, muy fría y tempestuosa, se cortó la electricidad y no hubo calefacción en toda la ciudad. Tanto los familiares como los vecinos se preocuparon por la mujer y a la mañana siguiente vinieron para saber de su estado, suponiendo lo peor. Pero fue grande la sorpresa que recibieron al ver que todos los gatos que había recogido de la calle, aparte de su perro, rodeaban su cuerpo dándole suficiente calor para soportar la extrema baja temperatura de aquella noche. Ahora los animales, sin saberlo, le habían retribuido el amor que ella les había proporcionado.

Nosotros también podemos esperar que el amor de Dios nos conserve. Él está dispuesto a proporcionarnos su caluroso amor desde ahora y hasta la eternidad. Solo tenemos que aprender a sentirnos seguros a su alrededor, tal como nos lo aconseja el corto escrito de Judas: «Conservaos en el amor de Dios, esperando la misericordia de nuestro Señor Jesucristo para vida eterna» (Jud. 1:21).

SEÑOR, ENSÉÑANOS A COBIJARNOS JUNTO A TI AHORA Y HASTA LA ETERNIDAD. ¡AMÉN!

Reino eterno

**Mas del Hijo dice: Tu trono, oh Dios,
por el siglo del siglo; cetro de equidad
es el cetro de tu reino.**

HEBREOS 1:8 (RVR 1960)

La historia no registra ni un solo rey que fuera tan sabio como Salomón. En una oportunidad vinieron dos mujeres ante él. Cada una tenía un hijo, pero uno de los niños murió y ambas reclamaban que el niño vivo era suyo, acusando a la otra de haberlos cambiado. Salomón solicitó una espada, pidió que partieran por la mitad al niño vivo y que le dieran una mitad a cada una para así terminar el litigio. Una de las mujeres aceptó, mientras que la otra se negó a que le hicieran daño a la criatura. Entonces Salomón reconoció que la verdadera madre era la que no quería que le hicieran daño al niño, y pidió que se lo entregaran a ella (1 Rey. 3:16-28). ¡Qué sentido de equidad y justicia!

La diferencia con el reino de nuestro Señor Jesucristo es que Él posee la equidad y la justicia por excelencia. Nunca cambia y es eterno, porque es divino. Sin embargo, lo más trascendental es que está constituido para que cada uno de nosotros nos sintamos protegidos y disfrutemos pertenecer al reino que es por sobre cualquier reino, pues lo rige Jesucristo, el Rey de reyes. ¿Eres parte de este Reino? Si no lo eres, no dejes pasar la oportunidad de pertenecer a este, teniendo a Cristo en tu vida.

**SEÑOR, GRACIAS POR HACERME PARTE
DE TU REINO ETERNO. ¡AMÉN!**

Lo que hemos visto y oído

Lo que hemos visto y oído, eso os anunciamos,
para que también vosotros tengáis comunión
con nosotros; y nuestra comunión verdaderamente
es con el Padre, y con su Hijo Jesucristo.

1 JUAN 1:3 (RVR 1960)

Una vez escuché la historia de lo que experimentó un hombre chino cuando unos misioneros cristianos estaban evangelizando en ese país. Un misionero iba a celebrar bautizos y en eso vino un hombre a solicitar que lo bautizaran. Como no estaba entre los candidatos y no lo conocían, el pastor le preguntó dónde había oído de Jesús. La respuesta fue que no solo había oído, sino que también lo había visto. Explicó que en su ciudad había un hombre muy malo, iracundo, el verdadero terror de todos. Un día este hombre se hizo cristiano y su vida se transformó por completo. Hacía muchos años que él lo conocía y al ver un cambio tan grande, pensó que, en el Jesús del que tanto hablaba, tenía que haber algo extraordinario que él también quería tener. Comenzó a asistir a los cultos de la iglesia a la que asistía el hombre transformado y ahora, luego de oír y ver lo que Jesús había hecho en la vida de los cristianos que conoció, él también se sumaba al número de creyentes.

Él llegó a ser un cristiano gracias a lo que escuchó y vio en la vida de un fiel cristiano. La historia de este hombre debe alentarnos a anunciar con nuestra vida «lo que hemos visto y oído...» (1 Jn. 1:3a).

¿Qué has visto y oído tú? ¡Anúncialo!

**SEÑOR, AYÚDANOS A QUE CADA DÍA PODAMOS
COMUNICAR CON NUESTRAS VIDAS
LO QUE TÚ HAS HECHO EN NOSOTROS.**

Oremos al Señor

**Por lo cual debía ser en todo semejante
a sus hermanos, para venir a ser misericordioso
y fiel sumo sacerdote en lo que a Dios se refiere,
para expiar los pecados del pueblo.**

HEBREOS 2:17 (RVR 1960)

Los seres humanos nos enfrentamos a muchas situaciones difíciles en las que no sabemos cómo vamos a actuar. Somos tentados, traicionados, olvidados. Nos sentimos solos y abandonados como si nadie se preocupara de lo que nos sucede. Nos vemos involucrados en accidentes y sufrimos heridas profundas en la piel y más. Pero en esos momentos difíciles debemos recordar que tenemos a un hermano, a un amigo, que se enfrentó a todos esos sentimientos y nos puede ayudar en nuestro dolor.

Cuando Cristo vino al mundo, vino siendo semejante a nosotros, a sus hermanos más pequeños. Él padeció y pasó por todas esas cosas difíciles que pasamos nosotros. Por lo tanto, nos podemos acercar a Él y pedirle que nos ayude. La Biblia lo señala textualmente: «Pues en cuanto él mismo padeció siendo tentado, es poderoso para socorrer a los que son tentados» (Heb. 2:18).

Si somos tentados, acudamos a Él. Si nos han traicionado, oremos para que podamos perdonar y olvidar. Él lo hizo allá en la cruz del Calvario, cuando perdonó a los que lo crucificaron. Si nos sentimos solos y abandonados, pidamos Su compañía. Él nos comprende pues también se sintió solo y abandonado. Si sentimos dolor por heridas en la piel, acudamos a Él. ¡Cuánto dolor sintió Cristo cuando la lanza traspasó Su costado y unos inmensos clavos traspasaron Sus manos!

**PADRE, AYÚDANOS A ORAR CON FERVOR
Y A RECORDAR QUE SIEMPRE
PODEMOS CONTAR CONTIGO.**

Hagamos Su voluntad

Para no vivir el tiempo que resta en la carne,
conforme a las concupiscencias de los hombres,
sino conforme a la voluntad de Dios.

1 PEDRO 4:2 (RVR 1960)

¡Qué hermosa porción bíblica nos ocupa hoy! Te invito a leerla completa. En esta se refleja la realidad de los días que nos ha tocado vivir. Las personas que viven de acuerdo a las leyes mundanas se apoyan en la expresión: «Haz lo que te hace feliz», sin que les importe el daño que puedan hacer a sus familiares y amigos. Aparte de vivir una vida desenfrenada, también se dedican a adorar ídolos de madera, de piedra o de metal, y se olvidan de que tenemos un Dios Todopoderoso que es celoso y que no quiere que adoremos a ninguno de esos ídolos que no tienen poder alguno.

Los que hemos recibido a Cristo como nuestro Salvador personal tenemos que vivir en este mundo conscientes de que: «el fin de todas las cosas se acerca; sed, pues, sobrios, y velad en oración» (1 Ped. 4:7). Tenemos que poner nuestros ojos en el Señor y hacer Su voluntad. Confiar en Él por completo y estar conscientes de que a muchos no les va a agradar nuestra manera de vivir y en ocasiones hasta se burlarán de nosotros.

Ignoremos las burlas. Seamos amorosos unos con los otros. Vivamos de acuerdo a las leyes de Dios. Observemos las bendiciones que el Señor derrama sobre nosotros y démosle gracias todos los días de nuestra vida.

PADRE, AYÚDANOS A VIVIR CONFORME A TU VOLUNTAD.

Guardar los mandamientos

**Y el que guarda sus mandamientos, permanece
en Dios, y Dios en él. Y en esto sabemos
que él permanece en nosotros,
por el Espíritu que nos ha dado.**

1 JUAN 3:24 (RVR 1960)

La lectura bíblica de hoy me recordó la ocasión en que siendo aún muy pequeña me preocupó pensar si sería salva o no, así que fui al pastor de mi iglesia y le pregunté qué debía hacer para ser salva y vivir la vida cristiana como Dios quería. Ahora que han pasado los años, me imagino la sorpresa que sería para mi pastor el recibir una pregunta como aquella de una chica de unos nueve años. Pero él, con todo el amor y la paciencia que lo caracterizaban, me contestó: «No te preocupes hijita, primero debes creer por fe que Jesucristo murió por ti para que tengas vida eterna. Él es tu Salvador. Debes arrepentirte de tus pecados y pedir que Jesús venga a tu corazón. Segundo, vive en obediencia a Su palabra y guarda los mandamientos de Dios». ¡Esa sencilla respuesta me ha acompañado toda mi vida!

El hombre que no tiene a Jesús en su corazón continúa tratando de encontrar paz en un mundo que solo ofrece conflicto, desesperanza y separación de Dios. ¿Cuándo entenderemos esa realidad? He sido bendecida desde pequeña al saber que Dios me amó tanto que dio a Su único Hijo para que yo tenga vida eterna si creo en esa promesa.

Amigo lector, esta promesa de vida eterna también está disponible para ti. Solo tienes que creer por fe que Jesús es el Hijo de Dios, se hizo hombre, habitó entre nosotros y dio Su vida en la cruz para que tú también tengas vida eterna. Tus pecados serán perdonados y serás transformado por el poder del Espíritu Santo. ¿Crees?

**PADRE, AYÚDANOS A CREER EN TI
Y A OBEDECER TUS MANDAMIENTOS.**

Pon los ojos en Jesús

**Por tanto, nosotros también, teniendo en derredor
nuestro tan grande nube de testigos, despojémonos
de todo peso y del pecado que nos asedia, y corramos
con paciencia la carrera que tenemos por delante.**

HEBREOS 12:1 (RVR 1960)

¿Cuántas cosas estarán por suceder durante este año que apenas comienza? Lo más importante que debemos tener en cuenta es que tenemos un amigo que jamás nos abandona y que siempre nos recibe con los brazos abiertos. Nuestra meta como cristianos debe ser tener los ojos puestos en Jesús. No nos dejemos abrumar por las malas noticias, por el miedo o la desconfianza que imperan en nuestro mundo. Aumentemos nuestra fe y confiemos en que todas las cosas suceden para bien de los que en Él confiamos. Solo nos queda orar por las personas que sufren algún tipo de desgracia, sea espiritual o material. Es mucho el pecado que nos rodea, pero tenemos la obligación de mantenernos firmes y despojarnos de todo el peso del pecado para que un día podamos disfrutar del lugar que Jesús fue a prepararnos.

Cuando estemos en medio de situaciones difíciles en las que no sepamos qué hacer, debemos preguntarnos: ¿qué haría Jesús ante una situación como esta? Sin lugar a dudas la respuesta llegará a nuestra mente y actuaremos como debe ser.

Tengamos muy presente que Jesús es el autor y consumador de la fe, que menospreció el oprobio, está sentado a la diestra del trono de Dios y un día vendrá en busca de todos los que hayamos sido fieles a Él.

**PADRE, GRACIAS POR HABERNOS
ENVIADO A TU AMADO HIJO.**

Seamos agradecidos

En el principio creó Dios los cielos y la tierra.

GÉNESIS 1:1 (RVR 1960)

«En el principio creó Dios los cielos y la tierra». ¡Qué hermosa afirmación para comenzar el día! ¡Cuántas cosas hermosas creó Dios para el bienestar de todos nosotros!

Dios creó el día para que disfrutemos las bellezas que nos regala cada día en todo su esplendor. Creó la noche para que después de un largo día de trabajo podamos descansar plácidamente. Nos creó a Su imagen y semejanza. También creó todos los animales que viven en la tierra y en los mares. Creó todo tipo de verduras, frutas, flores de todos colores y tamaños. En fin, cosas simples que nos regala para nuestro deleite.

Pero muchos hombres y mujeres de hoy no se detienen ni por un instante a observar y a degustar todas las maravillas que Él nos regala. Por el contrario, se dedican a trabajar para tener mucho dinero como si este resolviera todos los problemas, olvidando que sus hijos necesitan más tiempo de calidad que juguetes electrónicos para entretenerse mientras papá y mamá siguen buscando dinero para comprarles más juguetes chatarra.

Muchos han olvidado lo que significa la palabra hogar y viven en casas muy grandes y frías donde faltan la unión y el amor familiar tan indispensables para la formación de los hijos. En un verdadero hogar existe amor, confianza, comprensión y sobre todo comunicación. Si existieran todas estas cosas en el hogar moderno, no sucederían tantas cosas horribles en nuestro mundo. El hombre y la mujer de hoy debieran trabajar para vivir y no vivir para trabajar. Con seguridad tendríamos más seres humanos felices.

PADRE, GRACIAS POR HABER CREADO TANTAS COSAS HERMOSAS PARA NOSOTROS.

Adoremos solo a Jehová

No tendrás dioses ajenos delante de mí.

ÉXODO 20:3 (RVR 1960)

Copio textualmente lo que señala la Biblia sobre este tema porque hay muchas personas que no tienen una Biblia:

«No tendrás dioses ajenos delante de mí.

No te harás imagen, ni ninguna semejanza de lo que esté arriba en el cielo, ni abajo en la tierra, ni en las aguas debajo de la tierra.

No te inclinarás a ellas, ni las honrarás; porque yo soy Jehová tu Dios, fuerte, celoso, que visito la maldad de los padres sobre los hijos hasta la tercera y cuarta generación de los que me aborrecen, y hago misericordia a millares, a los que me aman y guardan mis mandamientos.

No tomarás el nombre de Jehová tu Dios en vano; porque no dará por inocente Jehová al que tomare su nombre en vano» (Ex. 20:3-7).

No hay declaraciones más claras que estas. Jehová nuestro Dios nos prohíbe por completo que adoremos dioses ajenos. Nos exhorta a que jamás usemos Su nombre en vano porque, de hacerlo, no nos dará por inocentes.

Jehová nos ampara de todo lo malo, está junto a nosotros siempre. Por lo tanto, no tenemos necesidad de andar visitando lugares donde se adoran imágenes o donde adivinan el futuro. Jehová, nuestro Dios Todopoderoso, estuvo con nosotros en el pasado, está junto a nosotros en el presente y estará en el futuro cuando más lo necesitemos.

CONFIEMOS Y ADOREMOS SOLO A JEHOVÁ.

Aprender a perdonar

Todos nosotros nos descarriamos como ovejas,

cada cual se apartó por su camino; mas Jehová

cargó en él el pecado de todos nosotros.

ISAÍAS 53:6 (RVR 1960)

¡Todos somos pecadores! Sin embargo, nuestro Padre celestial nos amó tanto que envió a Su Hijo para que muriera por nosotros y nos limpiara de pecado al derramar Su sangre. Allí, en la cruz del Calvario, Jesús fue herido, humillado y maltratado. Sufrió, al ver desde lo alto de la cruz a Su madre y a Sus amigos llorando, mientras Él cumplía Su misión y no podía hacer nada para impedirles aquel dolor. No condenó ni maldijo a los que le hicieron daño, sino todo lo contrario. En sus momentos más difíciles exclamó: «Padre, perdónalos, porque no saben lo que hacen». ¡Qué lección tan hermosa! ¡Aprender a perdonar!

Si los seres humanos aprendiéramos a perdonar como Jesús nos enseñó, cuánto dolor y sufrimiento evitaríamos. Habría más amor entre los miembros de la familia, los hermanos de la Iglesia, los vecinos y hasta los países vivirían en paz unos con otros.

No sé tú, pero muchas veces, cuando veo lo que acontece en el mundo por la falta de amor y de perdón, me pregunto: ¿qué sentirá Dios cuando ve lo que están haciendo muchos hombres y mujeres? ¡Supongo que sentirá una tristeza indescriptible!

Si te encuentras descarriado, estás a tiempo de encaminar tu vida y acercarte a ese Padre que nos recibe con los brazos abiertos cuando le pedimos perdón desde lo más profundo de nuestro ser.

**PADRE, AYÚDANOS A PONER EN PRÁCTICA
TODO LO QUE TU HIJO NOS VINO A ENSEÑAR.**

Bienaventurados los hambrientos

**Bienaventurados los que tienen hambre y sed de justicia,
porque ellos serán saciados.**

MATEO 5:6 (RVR 1960)

Hemos visto fotografías de niños malnutridos y enfermos en países pobres. Sus vientres están inflamados, se les ven sus costillas, los ojos desorbitados y otros defectos corporales debido a la falta de una buena alimentación. Padecen y mueren de hambre. ¡Es terrible! La falta de alimentos afecta el desarrollo corporal y acorta la vida de esos niños.

Igual que la vida material precisa de una buena nutrición, la vida espiritual necesita una alimentación adecuada y abundante. El espíritu se nutre del alimento espiritual, el alimento es Jesús. En Él está la fuente abundante, saludable y perfecta para desarrollar una vida espiritual sana y fuerte. La Palabra de Dios instruye, corrige y alimenta el alma de los creyentes, mientras que la oración nos comunica con el Creador y establece una comunión que engrosa nuestra vida espiritual. La comunión con el Señor nos hace fuertes y capaces.

Los creyentes que alimentan su vida de la fuente divina, del poder del Dios único, Creador del universo, tienen salud para enfrentar y derrotar las trampas del tentador. Sentir hambre y sed de Dios es una gran bendición. Saciemos nuestra hambre y nuestra sed con los alimentos que proceden del Señor. Todo lo que viene de Dios es bueno y saludable para nuestra vida. Bienaventurados aquellos que buscamos el alimento que Dios nos ofrece. En Cristo tenemos agua y pan espiritual abundantes para nutrir nuestra vida espiritual.

**VAYAMOS A JESUCRISTO Y BEBAMOS
DE LA FUENTE DEL AGUA DE LA VIDA.**

Levantémonos y vayamos

Me levantaré e iré a mi padre, y le diré:
Padre, he pecado contra el cielo y contra ti.

LUCAS 15:18 (RVR 1960)

∽○∽

Jesús narró la historia de un pastor que fue tras una oveja perdida y también la parábola del hijo pródigo. Ambos pasajes muestran el valor que el Señor le adjudica a una persona, aunque sea pecadora. El pastor dejó el cuidado de su rebaño en otras manos y fue en busca de la oveja perdida. Él no consideró que su oveja confundiera su camino y caminara en dirección opuesta a su rebaño. Tampoco el padre del hijo prójimo olvidó ni desechó a su hijo por haberlo abandonado para irse al mundo. Cuando el joven volvió arrepentido, no dudó en recibirlo con los brazos abiertos. La alegría de su regreso borró toda la amargura del corazón del amante padre.

En ambas narraciones encontramos elementos que debemos notar: amor sin paralelo, perdón, alegría por el regreso, arrepentimiento, etc. El pastor manifestó amor por sus ovejas, incluso por la extraviada, hizo todo lo necesario para traerla consigo e hizo una fiesta por haberla encontrado y salvado. El padre sufrió la ausencia del hijo menor, su corazón estuvo herido y sangrante hasta que lo vio regresar. Allí también hubo una celebración.

El joven pródigo regresó cuando despertó y reconoció la terrible realidad del mundo. No todo es lo que parece ser, la vida está llena de momentos de mucho dolor, vergüenza y humillaciones. El hijo pródigo despertó a la realidad cuando se vio alimentando cerdos. ¡Qué humillación para un hebreo! La tentación siempre viene vestida de oro, pero en realidad es solo pecado... el pecado que nos separa del Padre Celestial.

LEVANTÉMONOS Y VAYAMOS AL PADRE CELESTIAL QUE SIEMPRE ESTÁ DISPUESTO A PERDONARNOS.

El camino de la vida

Jesús le dijo: Yo soy el camino, y la verdad, y la vida; nadie viene al Padre, sino por mí.

JUAN 14:6 (RVR 1960)

Augusto, de 67 años, me dijo que él se había ganado el cielo y merecía la gloria por lo bueno que era y por las muchas obras de caridad que realizaba. Sus buenas obras consistían en alimentar una vez al mes a cinco niños pobres. Compraba cinco hamburguesas, papas fritas y ensalada y las llevaba a un hogar de niños huérfanos. Con eso estaba convencido de haber ganado su entrada al cielo. El mundo está lleno de personas bondadosas, filántropos que ayudan a los más necesitados. ¡Gracias a Dios por ellos! Sin embargo, ninguno ha logrado comprar la entrada al cielo.

Jesús se identificó como el único camino para llegar al cielo. Murió en la cruz y padeció una horrible muerte. Él se constituyó en el Camino al cielo por medio de Su sacrificio. Toda persona que desee acceder al cielo tiene que hacerlo a través de Jesucristo, no hay otra vía ni otro método. Creer en Cristo como Salvador y Señor, arrepentirse de los pecados y confesar nuestra entrega incondicional a Él es la única fórmula para obtener la salvación eterna.

Los creyentes que hemos aceptado a Cristo como nuestro Salvador disfrutamos la seguridad de la salvación, pero no por méritos propios, sino por la sangre de Jesucristo, gracias a la cual podremos disfrutar de la vida eterna.

**VIVAMOS DE MANERA TAL
QUE OTROS DESEEN ANDAR ESTE MISMO CAMINO.
REFLEJEMOS EL GOZO DE LA SALVACIÓN.**

Más que vencedores

**Antes, en todas estas cosas somos
más que vencedores por medio
de aquel que nos amó.**

ROMANOS 8:37 (RVR 1960)

Fermín era un niño brillante en la escuela, sus calificaciones eran las más altas. También era un buen atleta, se esforzaba por ser excelente en todo lo que emprendía, pero una vez perdió un duelo de karate y creyó que el mundo se le venía encima, que su vida estaba acabada.

Muchos, como Fermín, creen que los triunfos materiales y sociales son la razón de su vida. Fermín consiguió una beca en una de las más famosas universidades y se graduó con un título de médico. Temprano en su carrera como médico conoció al Señor. A partir de entonces cambiaron los valores de su vida. Ahora sabía que las batallas más difíciles eran de orden espiritual y que solo saldría vencedor con la ayuda de Dios.

Todos nosotros, como creyentes, hemos peleado algunas batallas y hemos enfrentado múltiples y grandes tentaciones, pero siempre hemos tenido a Jesús a nuestro lado y gracias a Él hemos obtenido la victoria. Nosotros, como cualquier otro creyente, seguiremos enfrentando múltiples tentaciones, pero con el Señor a nuestro lado seremos vencedores. La victoria está asegurada cuando nos agarramos de la mano de nuestro Salvador. Él sufrió tentaciones y venció al diablo, sabe cómo derrotar a Satanás y tiene el poder para hacerlo. No descuidemos cultivar nuestra fe y la salud de nuestra vida espiritual, pero no permitamos que la duda nos haga temblar. En Cristo está la victoria, en Él somos más que vencedores. Él triunfó y nosotros también triunfaremos.

**VIVAMOS EN COMUNIÓN CON EL SEÑOR
Y BUSQUEMOS EL PODER PARA
VENCER LAS TENTACIONES.**

El glorioso nombre del Señor

**¡Oh Jehová, Señor nuestro,
cuán glorioso es tu nombre en toda la tierra!**

SALMO 8:1 (RVR 1960)

El creyente, redimido por la preciosa sangre de Jesús vertida en la cruz, reconoce la majestad, el poder y la gloria del Señor porque ha experimentado la gracia divina en su propia vida. Esa fue la experiencia del salmista, el rey David, quien expresó la alegría y el gozo que inundaban su corazón por las bendiciones de Dios.

La vida de cada uno de nosotros, los creyentes redimidos, está compuesta de una cadena interminable de bendiciones, todas inmerecidas, pero otorgadas por la gracia del Salvador. Por lo tanto, debemos expresar nuestro agradecimiento adorándolo con alabanzas y expresiones que ensalcen el nombre de Aquel que nos llamó de las tinieblas a Su luz admirable.

Jesús pagó el precio de la redención, del rescate, y por Su sacrificio fuimos justificados. Su entrega a la causa de nuestra salvación fue total e incondicional. Y como lo expresó el profeta Isaías, por Su llaga fuimos sanados. Él sufrió nuestro castigo y llevó nuestros pecados al madero de la cruz para limpiarnos con Su sangre. Nos corresponde reconocer Su sacrificio, agradecerlo con verdadero sentimiento y declarar al mundo nuestro genuino aprecio por Su obra. Glorificar el nombre del Señor Jesús debe ser nuestro constante cántico y oración para que el mundo sepa del amor de Dios y de la oferta de salvación eterna por medio del sacrificio de Su Hijo. Demos gracias a Dios por Su amor y Su perdón.

OH SEÑOR, CUÁN GRANDE ES TU AMOR
Y MISERICORDIA. TE ALABAMOS
Y GLORIFICAMOS TU NOMBRE.

La grandeza de nuestro Dios

**Bendice, alma mía, a Jehová. Jehová Dios mío,
mucho te has engrandecido; te has vestido
de gloria y de magnificencia.**

SALMO 104:1 (RVR 1960)

El salmista se siente tan asombrado frente a la grandeza de la creación de Dios que solo puede prorrumpir en un torrente de expresiones que alaban a Dios.

La alabanza al Señor es una expresión del amor que sentimos por Él y, al mismo tiempo, expresa el agradecimiento que brota de nuestra alma por las bendiciones inmerecidas recibidas de Su parte y que son una demostración del carácter de Dios. El mundo que Dios creó es el habitáculo perfecto para el ser humano, es un regalo único que se nos ha entregado para disfrutarlo y cuidarlo como mayordomos fieles. La luz, el fuego, el aire que respiramos, el agua, las montañas y los valles, las flores y las frutas, etc.; todo lo creó de forma armoniosa, perfecta y hermosa para que podamos disfrutar de Su creación. Los seres humanos, asombrados ante la grandeza de la creación, debemos exclamar con palabras de alabanza y agradecimiento para el Señor: ¡Bendice, alma mía, a Jehová!

No hay palabras humanas suficientemente dignas para alabar a Dios. No hay suficiente tiempo, en todos los años de nuestra vida, para alabar a Jehová. No hay circunstancia en la que no se pueda alabar al Señor. Dicho con toda sencillez, alaba al Señor en cada momento, en la prueba, la alegría, la tristeza, en el triunfo y en la derrota. Cada estrella que brilla en la noche, cada ave que cruza el cielo, cada gota de lluvia que cae, todo a nuestro alrededor es un gran motivo para alabar a Dios.

VENGAMOS EN ORACIÓN DELANTE DE LA PRESENCIA DEL SEÑOR Y ALABEMOS SU NOMBRE.

El Rey de gloria

¿Quién es este Rey de gloria?
Jehová de los ejércitos, Él es el Rey de la gloria.

SALMO 24:10 (RVR 1960)

En este Salmo, el rey David expresó su convicción de que Dios es el dueño del planeta Tierra, él está convencido de que Jehová es el dueño absoluto del universo. David contempló el mundo a su alrededor y descubrió en sí mismo la mano creadora de Dios, y esto lo hizo sentir dueño del mundo por derecho de la creación.

Junto a esta afirmación de la soberanía de Jehová, el salmista expresó su percepción de la gloria divina en todo el universo. Lo que el escritor ve es una prueba fehaciente e innegable de la gloria divina. El Dios de gloria es el Rey de gloria y su reconocimiento manifiesta el sentir del salmista. ¡La gloria de Dios es perfectamente visible en el mundo! Pero para David, el Dios creador no solo es glorioso, sino también santo y los que desean alabarlo y darle gloria deben limpiarse de pecados antes de subir a Su presencia.

El Dios santo, glorioso Creador y Sustentador del universo, busca el reconocimiento, la alabanza y la adoración de nuestra parte. Y así como David respondió a su propia pregunta e identificó a Dios como el Rey de gloria, nosotros también debemos darle a Él esa categoría en nuestras vidas, debemos considerarnos súbditos del mejor Rey del mundo y, como tal, debemos honrarlo con nuestra vida. Abramos las puertas de nuestro corazón y permitamos la entrada del Rey de gloria. ¡Dios es nuestro Rey de gloria! Jehová, el fuerte y valiente, es nuestro Rey de gloria.

**EN NUESTRAS ORACIONES DIARIAS
DEMOS GLORIA Y HONOR AL REY.**

Dios es nuestro protector

Jehová te guardará de todo mal;

Él guardará tu alma.

SALMO 121:7 (RVR 1960)

Mi hija estuvo de misionera en el Medio Oriente durante muchos años. Vivía en un país donde su vida estaba en un peligro constante.

Durante ese tiempo yo pude experimentar lo que significa tener un protector. Recuerdo que repetía este Salmo tantas veces que ahora no podría decir con exactitud cuántas veces lo repetí.

Por medio de esa experiencia llegué a comprender lo que significa creer que Jehová era y es el protector de su alma, no solo de su vida física, sino de su alma. Esto significaba que ella podía perder su vida, pero que viviría con Dios para siempre. Aceptar que podía perderla fue difícil para mí, pero Dios, en Su misericordia, se encargó de mostrarme que Él amaba a mi hija más que yo y que Él era su protector.

En los momentos difíciles de tu vida, ¿cuántas veces te has preguntado de dónde vendrá tu socorro? Y tal vez hasta lo hayas buscado en muchos lugares o personas, pero al final tú y yo sabemos que ese socorro, esa protección, solo viene de Dios.

Si estás pasando por momentos difíciles, acude hoy mismo a Jehová. Jehová es tu guardador, Jehová te guardará de todo mal.

**DIOS SIEMPRE ESTÁ
A TU LADO Y TE PROTEGE.**

Dios es el dueño de mi vida

**Pues tú has librado mi alma de la muerte,
mis ojos de lágrimas, y mis pies de resbalar.**

SALMO 116:8 (RVR 1960)

¿Alguna vez te han dicho algo así: «no hay esperanza, pronto morirás»?
¿Qué podemos hacer en momentos como esos?

Recuerdo que mi hija estuvo al borde de la muerte cuando fue a tener su primer bebé. El médico dijo: «No sé si vivirá». Lo único que vino a mi mente y a mi corazón fue recurrir al dueño de la vida, a Dios.

Yo sabía que Dios podía hacer un milagro, mi esperanza estaba en Él. Acudí a Dios con humildad y le dije que en mi corazón estaba el deseo de que mi hija viviera, pero que aceptaba Su voluntad. La espera fue difícil, pero había paz. En mi caso, Dios obró un milagro en mi hija y ella vivió. Ahora puedo decirles que solo Dios puede dar paz en medio de la tormenta.

Cuando Dios nos libra de la muerte, solo nos queda un corazón agradecido y el deseo de obedecer a nuestro libertador. Pero si Él decide lo contrario, también debemos tener un corazón agradecido porque solo

Él sabrá de qué nos ha librado. Todo obra para el bien de los hijos de Dios.

**GRACIAS, SEÑOR, PORQUE
PODEMOS CONFIAR EN TI.**

En búsqueda de la quietud

**Mas tú, cuando ores, entra en tu aposento, y cerrada
la puerta, ora a tu Padre que está en secreto; y tu
Padre que ve en lo secreto te recompensará en público.**

MATEO 6:6 (RVR 1960)

Vivimos en un mundo ruidoso. Entre trabajar, lidiar con todas las situaciones familiares e intentar cuidarnos a nosotros mismos, pareciera que encontrar un tiempo de quietud es imposible. Para algunos de nosotros, un escape es todo lo que podemos pedir. Algunos tomamos vacaciones o nos distraemos con otras personas. El problema es, sin embargo, que las vacaciones son temporales y las distracciones no nos permiten lidiar con lo que debe ser atendido. Lo que en realidad queremos es tiempo.

Queremos tiempo para estar quietos. Buscamos un minuto extra aquí y allá solo para estar quietos. No importa lo que hagamos; pareciera que ese minuto extra es lo que siempre se nos escapa. Una madre, sin embargo, pareciera haber encontrado el secreto. Ella ha nombrado cariñosamente a este tiempo «el tiempo familiar de quietud». Solo dura media hora, pero puede ser más que eso cuando el tiempo de quietud se convierte en una siesta.

Realmente es un proceso sencillo. En su casa, a las cuatro de la tarde, ella establece un temporizador en su teléfono. La regla es sencilla: tú puedes hacer lo que quieras mientras sea en silencio y no involucre videojuegos, teléfonos o televisión. Sus hijos usualmente usan ese tiempo para leer o hacer tarea. Su esposo pasa su tiempo en el garaje. Ella, sin embargo, se sienta en una silla cómoda dentro del cuarto de invitados y ora.

Durante los primeros momentos, simplemente se enfoca en estar quieta. La mayor parte del tiempo, esto le toma solo unos momentos, pero a veces ella invierte la mitad del tiempo en estar quieta y dejar de lado todas las distracciones que están flotando en su mente. Cuando logra llegar a ese punto, dedica tiempo a agradecer a Dios por todas las bendiciones de ese día. Entonces, hacia el final de su tiempo, lee su Biblia. Invierte el tiempo que tiene en su relación con Dios. Ella comenzó esta pequeña tradición hace algunos años. Claro que hay algunos días en los que no tiene ese tiempo designado y debe encontrar otra manera de lograrlo, pero es interesante lo que ese tiempo ha hecho. Al principio era muy estricto. Tenían que ser 30 minutos, ni más ni menos. Luego, con los meses, el tiempo rígido comenzó a tornarse más flexible. Algunos días, la familia disfruta más el tiempo de quietud que otros días. Los 30 minutos pudieran parecer más como una hora y media.

No importa lo que haya pasado; la madre nunca cambió el propósito de ese tiempo. Ella siempre lo ha invertido con Dios, dándole una paz que sobrepasa todo entendimiento.

PADRE, GRACIAS POR LOS TIEMPOS DE QUIETUD. RECUÉRDAME USAR ESOS MOMENTOS PARA AGRADECERTE POR TODO LO QUE HACES EN MI VIDA. AMÉN.